Le droit d'asile

collection
À savoir
sous la direction de
Évelyne Pisier
et Olivier Duhamel

ISBN 978-2-247-15947-5

Le droit d'asile

Martine Denis-Linton

DALLOZ

Sommaire

Introduction 1

I. Brève histoire de l'asile 6

II. Les sources du droit d'asile 9

III. Le statut de réfugié 38

IV. La protection subsidiaire 71

V. Autorités compétentes pour la protection internationale 84

VI. Demande de protection internationale 90

VII. Traitement de la demande de protection internationale 102

VIII. Refus et cessation de la protection internationale 133

Vers un régime unique d'asile européen ? 141

Introduction

Le sort des hommes et des femmes fuyant les violences politiques ou religieuses, les guerres, les conflits armés internes, les épurations ethniques, les violences infligées en raison de l'orientation sexuelle, est d'abord un drame humain permanent. En 2015, 65,3 millions de personnes ont été contraintes de quitter leur lieu de résidence pour protéger leur vie ou leur liberté et le nombre de celles qui ont dû quitter leur lieu de résidence sans parvenir à franchir une frontière, en raison d'obstacles matériels ou faute de ressources qui sont des « déplacés internes » est estimé à 40,8 millions en 2015 selon le rapport du Haut commissariat des Nations unies pour les réfugiés (HCR) (*Tendances mondiales, Le déplacement forcé en 2015*). Seuls quelques millions d'entre elles accèdent chaque année à une protection internationale.

Les mots **« asile » et « réfugié »**, souvent confondus, recouvrent deux notions distinctes : « l'asile est un lieu, le réfugié une personne » (D. Alland et C. Teitgen-Colly, *Traité du droit de l'asile*, PUF, 2002, p. 14) alors que le **migrant**, selon la définition de l'ONU, désigne toute personne née dans un pays et qui vit dans un autre pays quelles qu'en soient les raisons pour une durée supérieure à un an. Cette catégorie très générale comprend aussi bien les réfugiés, que les étudiants ou les travailleurs étrangers.

Ce qui caractérise fondamentalement un demandeur d'asile par rapport à celui qui sollicite un titre de séjour ou qui séjourne irrégulièrement dans un pays, c'est la nécessité pour le premier de fuir son pays d'origine, pour échapper à des persécutions ou des atteintes graves à sa vie ou sa liberté, et rechercher dans un pays d'accueil une protection dont il est privé alors que le second quitte son pays pour trouver ailleurs des conditions moins défavorables pour vivre et travailler. Mais la distinction entre demandeur d'asile et migrants dit « économique » est parfois difficile s'agissant de pays instables où les violences politiques et une situation économique désastreuse sont étroitement liées.

L'expression « protection internationale » recouvre deux types de protection : celle du **réfugié dit statutaire** qui après avoir quitté son pays par crainte d'être soumis à des persécutions pour des motifs déterminés s'est vu reconnaître la qualité de réfugié dans un pays d'accueil et celle du **bénéficiaire de la protection subsidiaire** qui ne remplit pas les conditions pour être reconnu réfugié statuaire mais qui, lui aussi a été contraint, de fuir son pays où il est exposé à des atteintes graves à sa vie ou sa liberté[1].

En France, le nombre de demandes d'asile reste modeste jusqu'aux années 1970. Il connaît un pic dans les années 2003 à 2005 avec 65000 nouvelles demandes par an suivi d'une baisse jusqu'en 2008. On constate depuis une hausse régulière qui atteint 80000 demandes (y compris les mineurs accompagnants) enregistrées par l'Office de protection des réfugiés et apatrides (OFPRA) en 2015. Pour le premier semestre 2016, la hausse est déjà de 18 %.

1. En dépit de ces précisions terminologiques, on trouvera dans le texte les expressions couramment utilisées de demandeur d'asile et de droit d'asile, etc.

Cette augmentation reste toutefois sans commune mesure avec celle constatée en Europe en 2015 avec 1 323 000 demandes pour les vingt-huit États membres, la hausse étant particulièrement marquée en Allemagne (plus 175 %), en Suède (plus 100 %) et en Autriche (plus 215 %).

Le taux global d'admission à une protection internationale a progressé en France. Il est passé au cours des années 2006 à 2013 de 19,5 % à 24,4 %, puis en 2014 à 28 % et en 2015 à 31,5 %, ce qui correspond à 19 506 bénéficiaires d'une protection. Pour le premier semestre 2016, il atteint 36,2 %. La protection accordée est celle de réfugié pour 78 % contre 22 % pour la protection subsidiaire.

Mais ces taux moyens d'admission, recouvrent en réalité de très fortes disparités selon les pays de provenance des demandeurs d'asile. Les rapports annuels d'activité publiés sur les sites de l'OFPRA et de la Cour nationale du droit d'asile (CNDA) détaillent les taux d'admission pays par pays ainsi que leurs évolutions année après année.

La liste des dix premiers pays de provenance des demandeurs d'asile est restée pendant plusieurs années relativement stable avec la République démocratique du Congo, le Bangladesh, la Chine, la Fédération de Russie, le Kosovo, la Syrie, le Pakistan, l'Albanie, le Soudan et Haïti. L'ordre de cette liste a été modifié en 2015 par la place prise par des pays à fort besoin de protection que sont : le Soudan, la Syrie, l'Irak et l'Afghanistan. Les demandeurs d'asile sont pour 57,8 % des hommes et l'âge moyen des hommes et des femmes est de 33,3 ans. On dénombre en 2015 320 mineurs isolés de moins de 18 ans en provenance notamment d'Afghanistan (15 %), de la République démocratique du Congo et de Syrie.

Cet ouvrage consacré à une approche juridique du droit d'asile en France n'ignore ni la violence des situations humaines créées par l'exposition aux persécutions dans les pays d'origine ni la violence des déracinements forcés.

I. Brève histoire de l'asile

Les souverains égyptiens accordaient le privilège de l'asile qui s'exerçait dans des temples, mais les véritables fondateurs de l'asile sont les Grecs (« *asulon* » mot grec qui signifie le sanctuaire) qui désignaient des lieux, notamment des temples considérés comme inviolables servant de refuge aux personnes poursuivies par leurs ennemis. Rome a peu pratiqué l'asile. Chez les Hébreux, la question de l'asile est liée au talion, à la punition des crimes de sang. Le refuge est institué pour éviter la vengeance personnelle lorsque l'homicide est involontaire. Plus tard, l'Église chrétienne fait bénéficier par esprit de charité les personnes menacées en les accueillant dans ses églises. Cette tradition de l'asile s'est développée jusqu'à la fin du Moyen Âge. Après une longue période où l'asile était tombé en désuétude, la Constitution de l'an I de 1793 proclame avec éclat dans un article 120 que le Peuple français « donne asile aux étrangers bannis de leur pays pour la cause de la liberté. Il la refuse aux tyrans ». Si cette Constitution « montagnarde » ne fut jamais appliquée, une tradition effective de l'asile s'est installée, sous la Monarchie de juillet et sous les seconde et troisième Républiques. La France, comme d'autres pays d'Europe, a accueilli un grand nombre de réfugiés à la veille de la première guerre mondiale. La révolution bolchevique de 1917 a provoqué l'exil d'un million de réfugiés russes, puis ce furent les Arméniens victimes des massacres perpétrés par la Turquie en 1915, les conflits régionaux qui font fuir les Assyriens, les Assyro-chaldéens et des minorités en provenance de l'ex-empire Ottoman. Le premier instrument juridique propre à la protection des réfugiés fut imaginé pour les Russes. Sous la pression insistante du premier Haut-commissaire pour les réfugiés de la Société des Nations pour les réfugiés, le norvégien Nansen, les États membres de la Société des Nations, créaient en 1922 le « passeport Nansen » pour permettre aux réfugiés russes, privés de leur nationalité, de pouvoir effectuer les actes élémentaires de la vie civile. Ce passeport fut ensuite étendu à d'autres nationalités. Mais ces événements dramatiques ne donnaient lieu qu'à des solutions prises dans l'urgence, au gré des crises et des nationalités en cause, sans stratégie d'ensemble. C'est ainsi qu'un arrangement propre est adopté pour les Russes en 1922, étendu aux Arméniens en 1924, puis en 1928 un autre arrangement est conclu pour les Assyriens et les Assyro-chaldéens et une convention, en 1936, traite le sort des réfugiés en provenance d'Allemagne. Au lendemain de la guerre, en 1946, l'Assemblée générale des Nations unies créée l'Organisation internationale pour les réfugiés (OIR). Cette institution dotée d'une autorité administrative chargée de déterminer la qualité de réfugié et d'un organisme juridictionnel permettant d'exercer un recours, marque la première tentative d'un système de protection internationale des réfugiés. Mais cette organisation prévue pour durer quatre ans, cesse ses activités en 1951.

L'émergence d'une protection juridique internationale du réfugié est donc récente. Elle naît, au lendemain de la seconde guerre mondiale, de la prise de conscience de la communauté internationale que les solutions conjoncturelles apportées jusqu'alors à la question des réfugiés et des déplacés, s'avèrent inadaptées ; que ces tragédies humaines de grande ampleur qui se répètent appellent une réponse universelle conforme aux droits de l'Homme.

II. Les sources du droit d'asile

1° La Constitution

L'asile constitutionnel a été introduit par la loi du 11 mai 1998 en référence au 4e alinéa du Préambule de la Constitution du 27 octobre 1946 auquel renvoie la Constitution de 1958, qui proclame : « Tout homme persécuté en raison de son action en faveur de la liberté a droit d'asile sur les territoires de la République ». Mais le Conseil d'État avait dénié toute portée à cette disposition emblématique, en l'absence de mesures législatives nécessaires pour la mettre en œuvre (CE 27 sept. 1985, *France terre d'asile*, n° 44484). Par la suite le Conseil constitutionnel a élevé le droit d'asile au rang des « principes à valeur constitutionnelle » en 1992, puis il l'a reconnu comme un droit fondamental à valeur constitutionnelle en août 1993. Il est désormais inscrit dans un article 53-1 de la Constitution : « les autorités de la République ont toujours le droit de donner asile à tout étranger persécuté en raison de son action en faveur de la liberté ou qui sollicite la protection de la France pour un autre motif » (loi constitutionnelle n° 93-1256 du 25 novembre 1993).

2° La Convention de Genève et le HCR

La création du Haut-commissariat des Nations unies pour les réfugiés (HCR) le 14 décembre 1950 fut une étape importante, mais l'événement majeur a été l'adoption par une résolution de l'Assemblée générale des Nations unies à Genève le 28 juillet 1951 de la convention relative au statut des réfugiés. Elle définit un statut protecteur de substitution pour toute personne qui a dû fuir son pays d'origine par crainte de persécutions pour des motifs tenant à sa race, sa nationalité, sa religion, ses opinions politiques ou son appartenance à un certain groupe social, sans pouvoir se réclamer de la protection des autorités de son pays.

L'adoption de cette convention et du Protocole de New York du 31 janvier 1967, dont cent quarante-cinq États sont aujourd'hui signataires sur les cent quatre vingt dix-sept États officiellement reconnus, constitue l'une des grandes avancées juridiques du XXe siècle.

Elle s'inscrit dans la ligne de la Charte des Nations unies et de la Déclaration universelle des droits de l'Homme de 1948 pour assurer aux réfugiés l'exercice le plus large des droits de l'Homme et des libertés fondamentales.

Son Préambule expose ses finalités : organiser une solidarité internationale pour partager les charges d'un problème social et humanitaire de portée internationale et éviter que la question des réfugiés ne deviennent une source de tension entre États.

Son adoption avait été précédée d'un débat opposant deux grandes conceptions du réfugié. La première défend une approche centrée sur les craintes de persécution d'une personne, la seconde suit une logique par nationalités. Ce fut la conception individualiste qui l'emportât.

Conçue à l'origine pour régler la question des réfugiés victimes du nazisme, la convention réservait son bénéfice aux personnes devenues des réfugiés à la suite des événements survenus avant le 1er janvier 1951 et laissait aux États signataires la possibilité de cantonner leur engagement aux seuls événements survenus en Europe. Cette double limite s'est rapidement révélée incompatible avec les conséquences de la décolonisation, l'émergence de conflits dans le tiers-monde et le fait que plusieurs États accueillaient d'ores et déjà des demandeurs d'asile en provenance d'autres continents. Le Protocole de New York du 30 janvier 1967 en levant ces restrictions ouvre la portée de la convention sans limite de temps et d'espace. À un dispositif spécifique et resserré sur certaines nationalités en Europe, est substitué un système de protection à vocation universelle qui créé des obligations aux États signataires de la convention et qui bénéficie à des millions de réfugiés dans le monde.

Aux termes de l'article 1 A2 de la Convention de Genève, le terme de réfugié s'applique à toute personne « qui craignant avec raison d'être persécutée du fait de sa race, de sa religion, de sa nationalité, de son appartenance à un certain groupe social ou de ses opinions politiques, se trouve hors du pays dont elle a la nationalité et qui ne peut ou, du fait de cette crainte, ne veut se réclamer de la protection de ce pays ». La qualité de réfugié est donc déterminée par l'application combinée de critères que le HCR qualifie de clauses d'inclusion parce quelles énoncent les conditions positives de reconnaissance du statut, et de clauses de cessation et d'exclusion de valeur négative, les premières visant la perte de la qualité de réfugié et les secondes les circonstances qui font obstacle à cette reconnaissance.

La convention énonce les droits fondamentaux qui doivent être reconnus au réfugié statutaire ainsi que leurs obligations envers l'État d'accueil. Le principe cardinal qui fonde le droit international des réfugiés réside dans l'obligation de non-refoulement qui interdit à l'État d'accueil d'éloigner ou d'expulser le bénéficiaire du statut vers les frontières du territoire où sa vie ou sa liberté serait menacée (art. 33) ; le candidat au refuge ne doit pas non plus être sanctionné pour l'irrégularité de son entrée et de son séjour sur le territoire (art. 31-1) ; il bénéficie des droits identiques aux nationaux pour la liberté de religion, l'assistance et les secours publics, le droit du travail et la sécurité sociale ; il peut prétendre à un traitement qui ne soit pas moins favorable que celui accordé aux étrangers en général en matière de propriété immobilière, de propriété intellectuelle et artistique, de l'exercice d'une profession non salariée, d'une profession libérale, pour le logement, l'éducation publique, la liberté de circulation, et enfin, il peut se prévaloir du traitement le plus favorable pour l'exercice du droit d'association et l'exercice de professions salariées.

Soixante-cinq ans après sa signature, la Convention de Genève conserve sa valeur emblématique de texte fondateur de la protection internationale des réfugiés et sa primauté, par le nombre d'États signataires, celui de ses bénéficiaires, par la force et l'actualité des principes qu'elle promeut et que les États parties ont renforcé dans le respect des droits de l'Homme. Sa portée trouve toutefois ses limites, d'abord dans la limitation à cinq motifs prédéterminés de persécutions éligibles à la protection ce qui, même en sollicitant leurs termes par des interprétations constructives, laisse sans protection des besoins existants et nouveaux. Son application nécessite en deuxième lieu que soient précisées des notions essentielles comme celles de persécutions, d'auteurs et de motifs de persécutions. Enfin, la convention ne contraint pas les pays d'accueil à admettre au séjour les candidats à une protection, cette prérogative relevant des politiques nationales. Or ce n'est qu'après avoir été admis à un séjour le temps nécessaire à l'examen de sa demande que l'étranger reconnu réfugié pourra se prévaloir des droits conventionnels.

D'autres conventions adoptées dans le cadre de l'Organisation des Nations unies et qui ont également vocation à protéger les personnes, notamment les plus vulnérables, viennent conforter la Convention de Genève. Il en est ainsi de la convention contre la torture et autres peines ou traitements cruels, inhumains ou dégradants adoptée par l'Assemblée générale des Nations unies du 10 décembre 1984, de la convention relative aux droits de l'enfant signée à New York le 26 janvier 1990, du Protocole visant à prévenir, réprimer et punir la traite des personnes, en particulier des femmes et des enfants, du Protocole additionnel à la Convention des Nations unies contre la criminalité transnationale du 15 novembre 2000 et la convention internationale sur l'élimination de toutes les formes de discrimination raciale du 21 décembre 1965.

Le Haut-commissariat des Nations unies pour les réfugiés (HCR) joue un rôle central dans la protection internationale des réfugiés. Le statut de cette organisation qui voit le jour le 1er janvier 1951 a été défini par une résolution de l'Assemblée générale des Nations unies de 1950 qui précise : « L'activité du Haut-commissaire ne comporte aucun caractère politique ; elle est humanitaire et sociale ». Conçu à l'origine comme une structure légère d'assistance aux réfugiés et aux demandeurs d'asile, le HCR allait connaître un développement considérable pour devenir l'institution majeure de la protection internationale des réfugiés dans le monde. Le HCR a pour mission d'assurer la protection des personnes considérées comme réfugiées et d'aider les gouvernements à rechercher des solutions permanentes aux problèmes des réfugiés.

Dans les pays non-signataires de la Convention de 1951 ou du Protocole de 1967, le HCR pallie l'absence d'autorité de détermination en accordant ou en refusant dans le cadre de son mandat strict le statut de réfugié. La France reconnait pleinement la qualité des réfugiés placés sous mandat du HCR. À côté de ce processus d'éligibilité individuelle, le HCR a développé une procédure de « détermination collective » pour des groupes de personnes déplacées dans des circonstances telles que chaque membre de ce groupe est considéré à première vue (*prima facie*), comme un réfugié.

Les principales attributions du HCR sont énoncées dans son statut : poursuivre la conclusion de conventions internationales, inciter les gouvernements à conclure des accords particuliers pour mettre en œuvre les mesures nécessaires pour améliorer le sort des réfugiés et encourager l'admission des réfugiés sur le territoire des États, sans exclure ceux qui appartiennent aux catégories les plus vulnérables.

Sous la pression des crises humanitaires et du fait de la frilosité des États dans leur devoir de protection, le mandat initial du HCR allait s'ouvrir plus largement aux personnes ayant besoin d'une protection. Les missions du HCR se diversifient hors du champ de son statut, l'ONU le faisant notamment intervenir dans des crises humanitaires causées par des famines contraignant des centaines de milliers d'individus à fuir leurs zones d'habitation devenues désertiques.

Les États signataires s'engagent également à coopérer avec le HCR pour faciliter sa tâche de surveillance de l'application de la convention. Ce suivi prend deux formes : un *Guide sur les procédures et critères à appliquer pour déterminer le statut des réfugiés* (3e éd., déc. 2011) et des principes directeurs destinés à guider l'interprétation au plan juridique de questions comme la notion de persécution liée au genre, l'appartenance à un certain groupe social, la cessation du statut de réfugié, les victimes de la traite et les demandes d'asile de mineurs.

3° Le droit européen et l'asile

La libre circulation des personnes décidée par l'Acte unique européen signé les 17 et 28 février 1986 par douze États (l'Allemagne, la Belgique, la France, l'Italie, le Luxembourg, les

Pays-Bas, le Danemark, l'Irlande, le Royaume-Uni, la Grèce, l'Espagne et le Portugal) suivi par la convention d'application de l'accord de Schengen signée en 1990 et entrée en vigueur en 1995, visent à supprimer les contrôles aux frontières intérieures dans l'espace Schengen et à harmoniser les contrôles aux frontières extérieures. Dans ce nouveau contexte, la circulation des demandeurs d'asile en provenance de pays tiers devenait une question centrale pour la Communauté européenne qui allait donner lieu à des textes d'une grande portée. En premier lieu, trois règlements communautaires qui sont des actes juridiques européens, de portée générale, qui s'imposent aux États dans tous leurs éléments, mais qui ne leur permettent pas de prévoir des dispositions plus favorables. En second lieu, quatre directives, qui sont des actes juridiques européens qui lient les États membres quant à l'objectif à atteindre, mais leur laissent le choix des moyens et de la forme pour atteindre cet objectif dans les délais qu'elles fixent.

Les directives nécessitent d'être transposées dans les législations nationales qui sont modifiées en conséquence pour atteindre le résultat attendu. Contrairement aux règlements les États peuvent décider de dispositions plus favorables.

La détermination de l'État responsable de la demande

Le dispositif mis en œuvre pour désigner un État responsable de la demande est destiné à garantir que tout candidat à l'asile verra sa demande examinée par un État membre, lui épargner d'être balloté d'un État vers un autre sans qu'aucun ne se reconnaisse compétent pour sa prise en charge, éviter des situations aboutissant à laisser trop longtemps des demandeurs d'asile dans l'incertitude sur la suite réservée à leur demande, et enfin empêcher le dépôt de demandes d'asile simultanées ou successives dans plusieurs États membres.

Le règlement n° 343/2003 du Conseil du 18 février 2003, dit « Dublin II » (v. *infra*), a succédé à la Convention de Dublin de 1990. Il a créé un système de partage des responsabilités dans l'espace Schengen et fixé des critères de détermination de l'État responsable de la demande d'asile qui privilégient le rapprochement familial et l'intérêt supérieur des mineurs et, en dernière analyse, le premier pays auprès duquel une demande d'asile a été déposée. Ce dispositif a connu de sérieuses difficultés dans sa mise en œuvre.

Divers facteurs d'attraction interviennent dans les souhaits du demandeur d'asile de rejoindre tel ou tel pays de destination, lorsque celui-ci n'est pas simplement dicté par le passeur. Ils tiennent à des liens historiques entre le pays d'origine et le pays de d'accueil recherché (anciennes colonies), la facilité d'y travailler (Royaume-Uni), la connaissance de la langue, la présence de communautés de compatriotes, la situation économique, la probabilité d'obtenir la protection recherchée et les droits qui y sont associés. Ces derniers éléments expliquent, par exemple, le choix des ressortissants Syriens pour l'Allemagne et, dans une moindre mesure, la Suède alors même qu'en France la demande d'asile syrienne est admise à 95 %. La volonté de rejoindre le pays de destination souhaité est facilitée par la porosité des frontières de l'espace Schengen et le fait que certains États de première entrée confrontés à des afflux massifs de demandeurs d'asile favorise la traversée de leur pays sans procéder à leur enregistrement.

Lorsqu'un État membre où la demande de protection a été introduite estime qu'un autre État est responsable par application des critères du règlement Dublin II, le demandeur est transféré dans l'État en cause, afin que sa demande y soit examinée. Mais ce système implique que l'État reconnu responsable accepte de prendre en charge la demande et de s'engager dans une procédure souvent longue. Dans ce contexte certains États examinent des demandes qui ne devraient pas leur incomber sans opérer de transfert vers l'État normalement responsable par application de la clause de souveraineté.

Plus grave, le règlement « Dublin II » fait peser le fardeau de la responsabilité du traitement de la demande d'asile sur un nombre limité d'États riverains de la Méditerranée. Or, ceux-ci se sont trouvés dans l'incapacité de faire face dans des conditions dignes à l'arrivée massive et incontrôlée de migrants et de demandeurs d'asile qui empruntent des voies maritimes dangereuses. Certains d'entre eux ont cessé de respecter les obligations du règlement « Dublin II » et les personnes en quête d'asile ont alors massivement gagné d'autres pays de l'UE pour y formuler leur demande.

Le règlement n° 604/2013 du 26 juin 2013 « Dublin III » qui a succédé à « Dublin II » s'applique aux vingt-huit États membres de l'UE et à quatre pays associés (Islande, Norvège, Suisse, Liechtenstein). Il continue de privilégier dans la détermination de l'État responsable de la demande les liens familiaux mais il impose aux États d'appliquer la liste des critères de détermination dans l'ordre qu'il fixe. Ce dispositif laissait toutefois sans solution les États du sud de l'Europe confrontés à un afflux massif de migrants et de demandeurs d'asile.

C'est ainsi que les renvois de demandeurs d'asile opérés de la Belgique vers la Grèce ont été condamnés par la Cour européenne des droits de l'Homme (Gr. ch., 21 janv. 2011, *M.S.S. c/ Belgique et Grèce*, n° 30696/09) au motif que ces demandeurs sont exposés à des traitements inhumains et dégradants au sens de l'article 3 de la Convention européenne des droits de l'Homme en raison de conditions de détention inacceptables et de l'absence de recours effectif contre ces décisions de renvoi. La Belgique a dû renoncer à ces transferts et procéder elle-même à l'examen des demandes d'asile comme d'autres pays d'Europe. En France, le ministre de l'Intérieur a suspendu les transferts de demandeurs d'asile ayant transité vers la Grèce par une instruction du 28 février 2011.

La Cour de justice de l'Union européenne a condamné à son tour le principe de ces transferts qui concernaient des demandeurs d'asile au Royaume Uni et en Irlande vers les pays dont les procédures d'asile et les conditions d'accueil sont marquées par des défaillances systémiques qui laissent subsister un risque de violation des droits fondamentaux. Elle juge que la présomption selon laquelle les États membres de l'UE respectent les droits fondamentaux des demandeurs d'asile et sont des pays d'origine sûrs, peut donc être remise en cause (CJUE C-411/10 et C-493/10, 21 déc. 2011).

Le deuxième règlement n° 2725/2000 du Conseil du 11 décembre 2000 a créé un système « Eurodac » qui vient en appui de la réglementation de Dublin. Il est fondé sur une base de données biométriques à l'échelle de l'Union européenne pour permettre la comparaison des empreintes digitales et contribue ainsi à l'identification des demandeurs d'asile lors du franchissement irrégulier d'une frontière extérieure de l'Union. Révisé une première fois en 2002, il est remplacé par le règlement UE 603/2013 du Parlement européen et du Conseil du 26 juin 2013 destiné à améliorer l'efficacité du système notamment en ouvrant sous certaines conditions un accès direct des polices nationales à cette base de données.

Un troisième règlement n° 439/2010 du Parlement européen et du Conseil du 19 mai 2010 institue un Bureau européen d'appui en matière d'asile (EASO). Il s'agit d'une agence de l'Union européenne qui a pour mission de renforcer la coopération entre les États membres dans le domaine de l'asile et soutenir ceux dont les régimes d'asile sont soumis à de fortes pressions.

En 2015, l'ampleur des flux migratoires a mis a mis à mal le régime d'asile européen dans son ensemble révélant les lacunes et les faiblesses de la politique européenne dans ce domaine. En réponse, la Commission européenne a avancé au printemps 2016 des propositions ambitieuses, notamment une nouvelle refonte du règlement « Dublin III » (v. *infra* p. 145).

Le régime d'asile européen commun

La désignation d'un État unique chargé d'examiner la demande d'asile suppose que les systèmes nationaux offrent un niveau de protection et des procédures équivalents pour éviter la recherche par les demandeurs d'asile des États présentant plus d'intérêt. Le constat de la grande disparité existant entre les législations nationales a conduit les États membres par des traités successifs, à s'engager progressivement dans un programme d'harmonisation pour rendre les conditions d'accueil et d'admission à une protection internationale les plus proches possibles. Le traité sur l'Union européenne signé à Maastricht le 7 février 1992 inscrit la politique de l'asile parmi les « questions d'intérêt commun » et met en place une coopération intergouvernementale institutionnalisée. Puis, le traité d'Amsterdam du 2 octobre 1997 fait entrer dans le champ communautaire les politiques d'asile et d'immigration qui relevaient jusqu'alors de la seule compétence des États. Mais le pas décisif est franchi par le Conseil européen de Tempere des 15 et 16 octobre 1999 qui décide la mise en œuvre d'un régime d'asile européen commun (RAEC) dans le respect de l'application de la Convention de Genève et qui se traduit par l'adoption de trois directives européennes et par une jurisprudence de la Cour de justice de l'Union européenne chargée de veiller à l'unité d'interprétation par les États.

Les directives

L'apport de la première vague des directives adoptées au cours des années 2001 à 2005 a été fondamental dans la construction du droit d'asile. Celles-ci ont précisé et enrichi la définition du réfugié de la Convention de Genève, fixé des normes minimales pour l'accueil des demandeurs d'asile, les conditions à remplir pour prétendre à une protection, des procédures de reconnaissance et élargi la protection à de nouveaux motifs. En dépit de ces avancées majeures, l'œuvre d'harmonisation issue de compromis politiques s'est avérée, à l'expérience, insuffisante. D'où la nécessité d'aller au-delà en procédant à leur révision au cours des années 2011 à 2013 pour substituer à ces normes minimales, des normes européennes communes. Leur transposition a été achevée, en France, par la loi n° 2015-925 du 29 juillet 2015 relative à la réforme du droit d'asile.

La directive dite « Accueil » 2003/9/CE du Conseil du 27 janvier 2003 impose aux États membres de garantir des conditions matérielles suffisantes aux demandeurs d'asile pendant la durée de la procédure pour ce qui concerne le logement, la nourriture, l'habillement, l'accès aux soins médicaux et la préservation de l'unité familiale. La directive 2013/33/UE du Parlement européen et du Conseil du 26 juin 2013 la remplace pour établir cette fois des normes communes pour l'accueil des personnes sollicitant une protection internationale. En particulier, les États membres doivent veiller « à assurer aux demandeurs d'asile un niveau de vie adéquat qui garantisse leur subsistance et protège leur santé physique et mentale » (art. 17). Elle renforce les droits sociaux par un accès au marché du travail plus rapide, par des mesures particulières pour les mineurs non accompagnés et par l'introduction de garanties nouvelles pour respecter les droits fondamentaux des demandeurs d'asile placés en rétention.

C'est la directive 2004/83/CE du Conseil du 29 avril 2004 dite « Qualification » qui a précisé les notions fondamentales de la Convention de Genève, de persécutions, des motifs de persécutions, des auteurs auxquels elles sont imputables, et des acteurs de la protection. Son apport essentiel est la création d'une nouvelle protection, la protection subsidiaire pour les personnes victimes ou menacées d'atteintes graves à leur vie ou leur liberté qui ne relevaient pas de l'un des cinq motifs de persécutions de la Convention de Genève. Elle a également consacré la jurisprudence sur la prise en compte de persécutions émanant d'autres auteurs que les autorités de l'État. À partir de ce socle la directive 2011/95/CE du Parlement européen et du Conseil, opère un rapprochement entre les bénéficiaires de la protection subsidiaire et de la protection conventionnelle, notamment pour le droit au séjour des familles, l'accès à l'emploi et aux services de santé.

La directive dite « Procédure » 2005/85/CE du 1er décembre 2005 du Parlement et du Conseil fixe des normes minimales aux procédures d'octroi et de retrait du statut de réfugié. Elle impose un entretien personnel avant la prise de décision de l'autorité de détermination, prévoit une information sur la procédure à suivre et une assistance juridique gratuite sous certaines conditions. La directive « Procédure » (2013/32/UE du Parlement européen et du Conseil du 26 juin 2013) qui lui succède définit à son tour des procédures communes pour l'octroi et le retrait de la protection internationale. Elle introduit la prise en considération de la vulnérabilité de certains demandeurs d'asile, la généralisation d'un recours devant la CNDA qui suspend l'éloignement, la clarification du régime de preuve, l'effectivité du recours des étrangers placés en rétention et la création de nouvelles garanties lors de l'entretien individuel. Elle a aussi eu pour objet et pour effet de favoriser un traitement plus rapide des demandes par la fixation de délais brefs pour statuer assignés tant à l'OFPRA qu'à la CNDA, par les nombreux cas de placement en procédure accélérée et l'introduction de causes d'irrecevabilité des demandes.

La directive du 1er août 2001 n° 2001/55/CE a créé un régime de protection temporaire pour des personnes qui fuient massivement leur pays ou leur région d'origine et qui ne peuvent pas y retourner en raison notamment d'un conflit armé ou de violences ou parce qu'elles sont victimes de violations graves et répétées des droits de l'Homme. Ce dispositif exceptionnel et temporaire, décidé pour une période d'un an peut être prolongé de deux ans. Mais sa particularité tient à ce qu'il doit être autorisé par une décision du Conseil de l'Union européenne (UE), qui définit les bénéficiaires. Ce régime de protection n'a jamais été mis en œuvre par le Conseil.

La Charte des droits fondamentaux

La Charte des droits fondamentaux reprend, pour la première fois dans l'histoire de l'Union européenne, dans un texte unique, l'ensemble des droits et libertés fondamentales reconnus par la Convention européenne des droits de l'Homme, les traditions constitutionnelles des

États membres, la Charte sociale européenne du Conseil de l'Europe, ainsi que d'autres conventions auxquels adhére l'Union européenne. Elle regroupe ces grands textes autour des principes de dignité, liberté, égalité, solidarité, citoyenneté et justice et consacre explicitement le droit d'asile dans le respect de la Convention de Genève (art. 18). Hissée à la valeur d'un traité par le traité de Lisbonne du 1er décembre 2009, elle jouit d'un statut plus élevé que les législations communautaires et nationales et devient dès lors la référence première pour interpréter les règlements et directives européens en matière d'asile. La Charte a permis des avancées significatives en consacrant, par exemple, le droit à un recours effectif sur le fondement de son article 47.

La Cour de justice de l'Union européenne (CJUE)

La Cour de justice de l'Union européenne qui siège à Luxembourg a été créée en 1952 pour assurer la sécurité juridique du droit de l'Union par une application uniforme de la législation communautaire. Son contrôle s'exerce, pour l'essentiel, par la voie de questions dites « préjudicielles » posées par une juridiction nationale qui a un doute sur l'interprétation, par exemple, d'une directive.

La juridiction en cause, suspend alors sa décision dans l'attente de la réponse de la Cour, avant de se prononcer. Le rôle de la Cour a été renforcé par la suppression, à la suite du traité de Lisbonne, du monopole réservé aux cours suprêmes de chaque État pour la saisir. Toutes les juridictions nationales peuvent soumettre à la Cour de justice une question d'interprétation des textes européens. Les arrêts rendus en matière d'asile ont souvent donné lieu à un examen de la formation en Grande chambre de la Cour, eu égard à l'importance des questions traitées.

Les arrêts de principe rendus en matière d'asile par la CJUE ont porté sur des questions essentielles comme la mise en œuvre de la protection subsidiaire accordée à des civils en cas de conflit armé (Gr. ch., 17 févr. 2009, *Elgafaji*, C-465/07), les conditions de cessation du statut de réfugié en cas de changement de circonstances (Gr. ch., 2 mars 2010, *Abdullah c/ République d'Allemagne* C-175-08), la notion de « crimes graves de droit commun » pour l'application de la clause d'exclusion (Gr. ch., 9 nov. 2010, *Allemagne c/ B. et D.*, C-57/09 et C-101/09), l'interdiction de transférer des demandeurs d'asile vers la Grèce compte tenu de l'état de défaillance systémique des procédures d'asile et des conditions d'accueil de ce pays (Gr. ch., 21 déc. 2011, *N.S. et autres*, C-411/10), la notion de persécution religieuse (5 sept. 2012, *République fédérale d'Allemagne c/ M. Y. et Z.*, C/71 et C. 99/11), les modalités d'appréciation de la crédibilité des personnes invoquant un risque de persécution en raison de leur orientation sexuelle (CJUE, *A.B.C. c/ Pays Bas*, C-148/13 à 153/13).

L'interférence de la Convention européenne des droits de l'Homme

La Convention européenne de sauvegarde des droits de l'Homme et des libertés fondamentales signée le 4 novembre 1950 et ratifiée par quarante-sept États membres du Conseil de l'Europe est muette sur le droit d'asile. Seul son Protocole n° 4 mentionne l'interdiction des expulsions collectives d'étrangers. En dépit de ce silence, la Cour européenne des droits de l'Homme, créée en 1959 pour assurer le respect des engagements souscrits par les États signataires de la Convention européenne, allait s'emparer de manière indirecte du sujet de l'asile à travers son article 2 (droit à la vie), tout particulièrement son article 3 (prohibition de la torture ou des peines ou traitements inhumains ou dégradants) et son article 13 (droit à un recours effectif). La possibilité d'exercer un droit de recours individuel permet à un demandeur d'asile qui se prétend victime d'une violation des droits reconnus par la Convention européenne de saisir directement la Cour européenne après épuisement des voies de recours internes. Mais les délais de la Cour pour statuer pouvant s'avérer incompatibles avec l'urgence de certaines situations, l'article 39 de son règlement lui permet d'indiquer aux États des mesures provisoires lorsqu'existe un risque imminent de dommage grave et irréversible. Ces mesures d'urgence se traduisent, le plus souvent, par la suspension de la mesure d'éloignement prononcée à l'égard d'un demandeur d'asile vers le pays où il exposé à des persécutions.

La cour de Strasbourg rappelle de manière constante le droit souverain des États à réglementer et contrôler l'entrée, le séjour et l'éloignement des non-nationaux, mais elle juge que l'expulsion d'un demandeur d'asile par un État contractant peut soulever un problème au regard de l'article 3 de la convention et donc engager la responsabilité d'un État lorsqu'il existe des motifs sérieux et avérés de croire que l'intéressé sera exposé dans le pays de destination, au risque d'être soumis à la torture ou à des peines ou traitements inhumains ou dégradants (CEDH 30 oct. 1991, *Vilvarajah et a. c/ Royaume-Uni*, n° 13163/ 87, 13164/87, 13165/87). Cette jurisprudence novatrice allait être étendue à toutes les mesures d'éloignement consécutives au rejet d'une demande de protection.

Les principaux arrêts de la cour de Strasbourg portant sur des mesures d'éloignement ont été rendus dans des affaires qui mettaient en cause : l'absence d'un recours suspensif contre un refus d'asile à la frontière (26 avr. 2007, *Gebremedhin c/ France*, n° 25389/05), le renvoi de ressortissants tunisiens poursuivis ou condamnés pour des actes de terrorisme en Tunisie (CEDH, Gr. ch., 28 févr. 2008, *Saadi c/ Italie*, n° 37201/06), le transfert de la Belgique vers la Grèce où la situation expose les demandeurs d'asile à un traitement inhumain et dégradant et qui n'offre pas de garantie contre un éloignement sans examen de la demande d'asile (Gr. ch., 21 janv. 2011, *MSS c/ Belgique et Grèce*, n° 30696/09), l'éloignement d'une personne exposée à une situation de violence généralisée d'une intensité exceptionnelle (28 juin 2011, *Sufi et Elmi c/ Royaume Uni*, n° 8319/07 et 11449/07), une extradition vers un État où la personne risque une condamnation à une peine perpétuelle sans possibilité de réduction de peine ou de libération anticipée (CEDH 4 sept. 2014, *Trabelsi c/ Belgique*, n° 140/10), une violation de l'article 4 du Protocole n° 4 interdisant les expulsions collectives s'agissant de demandeurs d'asile renvoyés vers la Grèce (CEDH 21 oct. 2014, *Sharifi et autres c/ Italie et Grèce*, n° 16643/09).

Si les deux cours européennes interviennent plus ou moins directement dans le contentieux de l'asile, leur respect commun des droits de l'Homme et de la Convention de Genève favorisent une large convergence de leurs solutions jurisprudentielles.

La législation française de l'asile

La loi n° 52-803 du 25 juillet 1952 portant création de l'Office français de protection des réfugiés et apatrides a permis de mettre concrètement en œuvre la Convention de Genève en instituant une autorité chargée de déterminer la qualité de réfugié, l'OFPRA, et une juridiction compétente pour statuer sur les recours exercés contre ses décisions, la Commission de recours des réfugiés. Cette loi a été modifiée une première fois en 1998 pour donner une base légale au régime d'asile territorial (loi n° 98-369 du 11 mai 1998 relative au droit d'asile), puis une deuxième fois par la loi n° 2003-1176 du 10 décembre 2003 qui met fin à l'asile territorial et, dans la perspective de l'adoption prochaine de la directive « Qualification », elle introduit une nouvelle protection, la protection subsidiaire. L'apport de la loi n° 2007-1631 du 20 novembre 2007 est modeste : elle change le nom de la Commission des recours en Cour nationale du droit d'asile et impose à l'Office, en cas de refus, une prise de décision expresse et motivée.

En dernier lieu, la loi n° 2015-925 du 29 juillet 2015 relative à la réforme de l'asile a modifié de manière substantielle le droit d'asile en transposant les directives : « Accueil », « Qualification » et « Procédure », dont elle reprend très largement les dispositions. Elle a donné lieu à deux décrets pris pour l'application de cette loi, le premier n° 2015-1166 du 21 septembre 2015 porte sur les conditions d'octroi de l'asile et le contenu de la protection accordée, le second, n° 2015-1298 du 16 octobre 2015, est relatif à la procédure applicable devant la Cour nationale du droit d'asile.

La loi du 25 juillet 1952 avait été codifiée dans le Code de l'entrée et du séjour des étrangers et du droit d'asile (CESEDA) par l'ordonnance n° 2004-1248 du 24 novembre 2004 dans un livre VII. Cependant le livre III de ce code continue de régir les titres de séjour délivrés aux bénéficiaires de la protection internationale (art. L. 314-11-8° et L. 313-13).

La législation sur l'asile s'applique en France métropolitaine, dans les départements d'outre-mer, à Saint-Pierre-et-Miquelon et dans les Terres Australes et Antarctiques française, sous réserve d'adaptations de faible portée. Toutefois, à Mayotte dans le contexte d'une forte demande d'asile (28 % de la demande totale d'asile enregistrée dans l'outre-mer), le droit commun de l'asile s'applique sous certaines réserves comme l'absence de centre d'hébergement de demandeurs d'asile et l'attribution de bons alimentaires en remplacement de l'allocation pour demandeur d'asile.

Le droit d'asile métropolitain est applicable en Nouvelle-Calédonie, en Polynésie française, dans les îles Wallis et Futuna. Les dérogations se bornent à renvoyer à des règles particulières pour le séjour des étrangers.

III. Le statut de réfugié

1° Notion de crainte de persécution

Le réfugié est, selon la définition de la Convention de Genève, « une personne qui craint avec raison d'être persécutée ». Il n'existe pas de définition universellement admise de la notion de « persécution » mais il se déduit des motifs énoncés par la convention que sont qualifiables de persécutions, des menaces pour la vie ou à la liberté pour des raisons de race, de religion, de nationalité, d'opinions politiques ou d'appartenance à un certain groupe social. La prise en considération de la « crainte » de persécution renvoie à un élément personnel et subjectif. Elle signifie que le demandeur n'a pas à démontrer qu'il a déjà subi des persécutions pour obtenir une protection, mais qu'il cherche à se protéger contre des situations où ces persécutions peuvent se réaliser. Quant à l'expression « avec raison », elle suppose que ce n'est pas seulement l'état d'esprit de l'intéressé qui détermine sa qualité de réfugié mais que cet état d'esprit doit être fondé sur une raison objective (*Guide des procédures*, préc., p. 11). Ces deux éléments, l'un subjectif, la crainte de subir une persécution et l'autre, objectif, le fait que le risque de persécution puisse être raisonnablement envisagé, sont déterminants pour évaluer les mérites de la demande d'asile.

Les actes de persécution peuvent se manifester par des violences physiques ou mentales, y compris les violences sexuelles, des mesures légales ou administratives, de police et/ou judiciaires qui sont discriminatoires en soi ou mises en œuvre d'une manière discriminatoire, des poursuites ou sanctions disproportionnées ou discriminatoires, le refus d'un recours juridictionnel aboutissant à une sanction disproportionnée, des actes criminels ou des actes dirigés contre des personnes en raison de leur genre ou des enfants (directive « Qualification », art. 9).

Encore faut-il que ces agissements redoutés soient d'une gravité suffisante par leur nature pour constituer une violation grave des droits fondamentaux ou bien leur caractère répété ou le cumul d'actes qui, pris isolément ne seraient pas qualifiés comme telle, atteignent de ce fait ce seuil de gravité. Ainsi ne sont pas regardés comme constituant des persécutions ou des atteintes graves des harcèlements, brimades, sujétions administratives comme des vérifications d'identité, des mesures de surveillance policière s'inscrivant dans le cadre de la lutte contre le terrorisme, des gardes à vue de courte durée, etc. Pour la CJUE, la seule existence d'une législation réprimant les actes homosexuels n'est pas considérée comme une atteinte suffisamment grave pour qualifier cette pénalisation de persécution. Mais si cette législation répressive prévoit une peine d'emprisonnement effectivement appliquée dans le pays en cause, elle constitue une persécution (CJUE 7 nov. 2013, *X.Y.Z.*, C-199/12).

Le demandeur d'asile doit se trouver hors du pays d'origine où sont exercées les persécutions redoutées et dont les autorités ne veulent ou ne peuvent le protéger. Mais si le demandeur peut trouver refuge dans une partie du territoire de son pays, sa demande sera rejetée en raison de l'existence même de cette protection. Cet « asile interne » peut être opposé lorsque des partis, des organisations ou des acteurs non étatiques contrôlent une partie substantielle du territoire d'un État, mais qu'une protection effective et non temporaire est assurée hors des zones où ils sévissent. Une telle protection sur le territoire en cause est présumée exister lorsque les autorités prennent des mesures appropriées pour empêcher les persécutions, en particulier, lorsqu'elles disposent d'un système judiciaire effectif permettant de déceler, de poursuivre et de sanctionner ces actes, à condition que le demandeur ait accès à cette protection. L'asile interne a été appliqué à des membres de la communauté albanaise vivant au Kosovo dont la sécurité n'était pas assurée mais qui pouvait rejoindre une zone placée sous le contrôle effectif des autorités internationales investies du pouvoir dans cette région (CRR SR, *M.M.*, 18 avr. 2003, n° 423849).

Le Conseil constitutionnel, tout en admettant la possibilité d'opposer l'asile interne souligne qu'il s'agit d'une faculté et non d'une obligation et exige « que l'autorité de détermination s'assure que l'étranger peut en toute sûreté accéder à une partie substantielle de son pays d'origine, s'y établir et y mener une existence normale » (Cons. const. 4 déc. 2003, n° 2003-485 DC). Cette décision a directement inspiré l'article L. 713-3 du CESEDA ainsi rédigé : « Peut être rejetée la demande d'asile d'une personne qui aurait accès à une protection sur une partie du territoire de son pays d'origine si cette personne n'a aucune raison de craindre d'y être persécutée ou d'y être exposé à une atteinte grave, si elle peut légalement et en toute sécurité, se rendre vers cette partie du territoire et si on peut raisonnablement s'attendre à ce qu'elle s'y établisse ».

Il est tenu compte pour apprécier les possibilités d'un asile interne des conditions générales prévalant dans la partie du territoire en cause, de la situation personnelle du demandeur ainsi que de l'auteur de la persécution au moment de statuer sur la demande d'asile. Le juge est tenu de préciser la région ou la ville regardée comme un asile interne (CE 11 févr. 2015, *Mme S.*, n° 374167). En France, l'asile interne est peu appliqué.

2° Motifs des craintes de persécutions

La caractéristique essentielle de l'asile conventionnel réside dans l'exigence que les persécutions redoutées soient fondées sur l'un des cinq motifs énumérés par l'article 1 A2 de la convention. Ces motifs liés à la race, la nationalité, la religion, les opinions politiques ou l'appartenance à un certain groupe social ont été éclairés et enrichis par le droit de l'Union, l'abondante jurisprudence tant nationale qu'européenne à laquelle elle a donné lieu, et le HCR à travers son guide des procédures et ses principes directeurs.

Lors de l'évaluation des craintes de persécution par l'autorité compétente, il est indifférent que le demandeur d'asile possède effectivement ou non la caractéristique du motif que lui impute l'auteur des persécutions. La jurisprudence qui intègre la notion de motif imputé (CE 27 avr. 1998, *M.B.*, n° 168335 A) a été consacrée par la directive « Qualification » de 2004 et figure à l'article L. 711-2 du CESEDA.

L'exigence d'un lien de causalité entre les motifs de persécution et les actes de persécution découle de la définition même du réfugié. Les motifs de persécution peuvent également avoir pour origine une absence de protection du fait d'une carence, volontaire ou involontaire, de l'État.

Motif politique

Le motif conventionnel le plus souvent invoqué est celui de la crainte de persécutions en raison d'opinions politiques. Les convictions politiques peuvent, selon la directive « qualification », s'exprimer par des opinions, des idées ou des croyances dans un domaine lié aux acteurs de la persécution potentiels, ainsi qu'à leur politique et leurs méthodes, que ces opinions, idées ou croyances se soient ou non traduites par des actes du demandeur.

Leur expression peut prendre des formes très variées : l'organisation ou la participation à des manifestations, l'activité militante au sein d'un mouvement d'opposition, le soutien matériel à des groupes d'opposition, des écrits, la rédaction d'affiches, la participation à des célébrations interdites, ou un comportement personnel traduisant une opposition au régime en place, sont autant d'éléments susceptibles de révéler un engagement politique.

L'invocation de ce motif suppose que le demandeur d'asile a des opinions qu'il a exprimées et qui sont donc connues des agents de persécutions ou qui lui sont imputées.

Il peut arriver que le besoin de protection apparaisse alors que le demandeur d'asile se trouve hors du pays d'origine mais que des événements survenus après son départ ou des activités exercées dans ce pays lui fassent redouter des risques en cas de retour. Cette hypothèse, envisagée dans un nouvel article L. 713-4 du CESEDA, consacre une jurisprudence bien établie de la CNDA. A ainsi été admis au statut de réfugié le responsable, en France, d'une association luttant contre l'esclavage et les discriminations affectant les négro-mauritaniens qui invoquait des risques en cas de retour en Mauritanie (CNDA, 12 déc. 2014,

M.B.A., n° 14007634). Il importe que les activités en cause constituent l'expression et la prolongation de convictions ou d'orientations affichées dans le pays d'origine. Tel n'est pas le cas d'activités politiques menées dans le pays d'accueil qui revêtent un caractère ostentatoire dans le seul but d'obtenir le statut de réfugié (CE 20 oct. 1999, *M.A.*, n° 187530).

Motif religieux

La liberté de religion proclamée par la Déclaration universelle des droits de l'Homme de 1948 suppose le libre choix de croyances ou l'absence de croyances et la liberté de pratiquer un culte sans entrave. La conception large de la notion de religion retenue par la directive « qualification » (art. 10) recouvre « le fait d'avoir des convictions théistes, non théistes ou athées, la participation à des cérémonies de culte privées ou publiques, seul ou en communauté ou le fait de ne pas y participer, les autres actes religieux ou expressions d'opinions religieuses, et les formes de comportement personnel ou communautaire fondées sur des croyances religieuses ou imposées par ces croyances ».

La qualité de réfugié statutaire a, par exemple, été reconnue à un ressortissant camerounais emprisonné et condamné pour ses activités au sein de la communauté des témoins de Jéhovah, interdite au Cameroun (CRR 5 nov. 1989, *M.N.*, n° 58273), à une requérante algérienne victime d'agressions qui avait été dénoncée dans un article de presse pour sa conversion à la religion chrétienne (CRR 30 janvier 1997, *Mme K.* n° 297541), à un malien fondateur d'une association luttant contre l'intolérance religieuse victime d'agressions perpétrées par des extrémistes musulmans (CRR 4 sept. 2006, *M.M.*, n° 568157).

Un refus de demande d'asile avait été opposé à deux ressortissants pakistanais qui invoquaient leur appartenance à une communauté musulmane minoritaire considérée comme hérétique par la loi pakistanaise, au motif que les restrictions à l'exercice de leur culte dont ils étaient victimes, à savoir l'impossibilité de manifester publiquement leur foi, n'étaient pas assimilables à une persécution. La CJUE saisie par la République fédérale d'Allemagne donne son plein effet à la liberté de religion en jugeant que le fait d'obliger une personne à dissimuler, modifier ou renoncer à la manifestation publique de sa religion conduit à le priver d'un élément fondamental de son identité et constitue une persécution (CJUE 5 sept. 2012, *Bundesrepublik Deutschland c/ M. Y et Z.*, C/71 et C. 99/11).

Parmi des communautés exposées à des persécutions religieuses, on mentionnera, à titre d'exemple, les chrétiens d'Irak, les Égyptiens de confession copte, les musulmans Ahmadis au Pakistan, des membres de minorités boudhistes ou animistes au Bangladesh, et, plus généralement, dans de nombreux pays les personnes qui se convertissent à une religion minoritaire.

Motif lié à l'appartenance raciale, ethnique ou nationale

La discrimination raciale, universellement condamnée comme une violation flagrante des droits de l'Homme équivaut souvent à une persécution. Le terme de « race » recouvre selon la directive « Qualification » des considérations de couleur, d'ascendance ou d'appartenance à un certain groupe ethnique. La persécution qui peut prendre la forme de comportements hostiles, de mesures discriminatoires à l'encontre d'une minorité nationale ou ethnique, de déchéances de nationalité peut atteindre un degré de gravité extrême comme ce fut le cas du génocide des Tutsis au Rwanda.

Parmi les nombreuses minorités ethniques qui ont ou font l'objet de persécutions, on mentionnera, à titre d'exemple, les Lhotshampas au Bouthan, les Rohyngia en Birmanie, les Négro-mauritaniens en Mauritanie, les personnes originaires du Caucase en Russie, les Ouigours en Chine.

La nationalité se réfère au lien juridique unissant une personne à un État « ne se limite pas à la citoyenneté ou à l'inexistence de celle-ci, mais recouvre, en particulier, l'appartenance à un groupe soudé par son identité culturelle, ethnique ou linguistique, ses origines géographiques ou politiques communes ou sa relation avec la population d'un autre État » (Directive n° 2011/95 « Qualification », art. 10).

Motif lié à une appartenance à un certain groupe social

Parmi les cinq motifs conventionnels, celui de « l'appartenance à un certain groupe social » était à l'origine le moins clair. Son contenu et sa portée, largement développés et enrichis par un fort courant jurisprudentiel ont permis de répondre à partir des années 1990 à des persécutions affectant des groupes sociaux auxquels on ne portait pas suffisamment d'attention mais qui apparaissent aujourd'hui intolérables, comme celles fondées sur l'orientation sexuelle et les mutilations sexuelles et les mariages forcés.

Un groupe est considéré comme un certain groupe social au sens de la directive « Qualification » (art. 10 d) lorsque « ses membres partagent une caractéristique innée ou une histoire commune qui ne peut être modifié, ou une caractéristique à ce point essentielle pour l'identité ou la conscience qu'il ne devrait pas être exigé d'une personne qu'elle y renonce et ce groupe a son identité propre dans le pays en question par ce qu'il est perçu comme étant différent par la société environnante ». Si les contours de l'identification du groupe social sont communs au HCR et aux interprètes de la directive, des personnes ayant des attributs communs et essentiels, d'une part, et une perception sociale qui place ces personnes en marge de la société, d'autre part, les approches divergent. Pour le HCR, les deux composantes sont alternatives, tandis que pour la CJUE, elles sont cumulatives. (CJUE 7 nov. 2013, *X.Y.Z.C.*, C-199/12, s'agissant de persécutions contre des homosexuels). La CNDA est tenue d'interpréter la notion d'appartenance à un groupe social en tenant compte de la définition retenue par la directive « Qualification », c'est-à-dire en s'attachant à l'une et l'autre des composantes de la définition pour reconnaître l'existence d'un groupe social (CE 14 juin 2010, *OFPRA c. / M.A.*, nº 323669, et, du même jour, *OFPRA c/ M.H.*, nº 323671).

Le Conseil d'État a caractérisé pour la première fois l'existence d'un groupe social s'agissant d'un algérien transsexuel (CE 23 juin 1997, *M.O.*, nº 171858). Par la suite, la CNDA a jugé que les personnes revendiquant leur homosexualité et, plus généralement les lesbiennes, gays, bisexuels et transgenres (LGBT) dans des pays où ils sont en butte à un ostracisme social constituaient un groupe social.

La jurisprudence a progressivement précisé ce motif : l'appartenance à un groupe social fondée sur des orientations sexuelles communes n'est pas subordonnée à une manifestation extérieure, « de visibilité sociale » ni à un comportement revendicatif. Le groupe social fait l'objet d'une approche objective, indépendante du comportement individuel de ses membres (CE 27 juill. 2012 *Mme M.*, nº 349824). La dimension permanente et non contingente de la caractéristique commune justifie la position de principe du Conseil d'État selon laquelle les institutions telles que l'armée, la police, les services secrets ou la magistrature créées par l'État ne peuvent constituer un groupe social (CE 14 juin 2010, *OFPRA c/ A.*, n° 323669 et 14 juin 2010, *OFPRA c /M.H.*, n° 323671).

L'existence d'une législation pénale répressive, par exemple contre l'homosexualité, ne suffit pas à caractériser l'existence d'un groupe social, lorsqu'en pratique elle n'est pas mise en œuvre. Inversement, la reconnaissance d'un groupe social peut reposer, en l'absence de loi pénale spécifique, sur des comportements d'intolérance qualifiables de persécutions favorisés par la passivité des autorités.

La CJUE a été saisie par la juridiction néerlandaise d'une question portant sur les méthodes d'évaluation de la crédibilité des déclarations et éléments de preuve exigés de personnes lesbiennes, gays, bisexuels et transgenres (LGBT). Elle a jugé que les États membres sont tenus de mener cette évaluation conformément à la Charte des droits fondamentaux et en particulier, aux principes de dignité humaine, du droit à l'intégrité de la personne et au respect de sa vie privée et familiale. Ce qui la conduit à exclure de manière radicale les méthodes fondées sur des questionnements détaillés sur les pratiques sexuelles, la production de photographies intimes et la soumission à d'éventuels tests pour établir l'homosexualité (CJUE, *A.B. et C.*, préc., p. 32).

La nouvelle rédaction de l'article L. 711-2 du CESEDA souligne de manière explicite la nécessité de prendre dûment en considération dans les motifs de persécution les aspects liés au genre et à l'orientation sexuelle, pour la reconnaissance de l'appartenance à un certain groupe social.

Mariage forcé

Sont regardées comme appartenant à un groupe social : « Les femmes qui entendent se soustraire à un mariage imposé, c'est-à-dire conclu sans leur consentement, dont l'attitude est regardée par tout ou partie de la société de leur pays d'origine comme transgressive à l'égard des coutumes et des lois en vigueur et qui sont susceptibles d'être exposées de ce fait à des persécutions contre lesquelles les autorités refusent ou ne sont pas en mesure de les protéger » (CRR. SR, 29 juill. 2005, *Melle T.*, nº 04046266/519803). Une femme de Guinée Conakry, par exemple, appartenant à la communauté peule contrainte à un mariage avec un imam polygame et soumise à des violences tolérées par les autorités et la population eu égard à la qualité d'imam de l'époux s'est vu reconnaître la qualité de réfugié (5 déc. 2008, *Mme B.*, n° 620881).

Motif propre à l'asile constitutionnel

L'homme « persécuté en raison de son action en faveur de la liberté a droit à l'asile sur les territoires de la République » (Constitution du 27 octobre 1946, al. 4). Si ce motif est spécifique, la procédure suivie est la même que la protection trouve sa source dans la Constitution ou la Convention de Genève, sa mise en œuvre relève des mêmes autorités et les droits qui y sont attachés identiques (CESEDA, art. L. 711-1).Toutefois, le candidat à l'asile constitutionnel ne peut se borner à invoquer des craintes, il doit établir avoir mené une action positive en faveur de la liberté.

Avant que la loi n° 2003-1176 du 10 décembre 2003 n'admette que les persécutions justifiant une protection puissent émaner d'autorités autres que l'État, l'asile constitutionnel a permis de protéger des Algériens victimes du Front Islamique du Salut dans les années quatre-vingt-dix, des militantes persécutées par des groupes islamistes en

Afghanistan ou agissant contre la pratique de l'excision dans des pays où la loi la condamnait, une journaliste biélorusse militante des Droits de l'homme, un militaire de l'armée cingalaise manifestant son hostilité contre la torture, etc. Depuis 2003, les décisions qui reconnaissent l'asile constitutionnel sont moins nombreuses, de l'ordre d'une dizaine chaque année. Une militante des droits de l'Homme au Guatemala dont l'implication dans la lutte contre l'impunité des auteurs d'exactions commises durant la guerre civile était notoire, et qui faisait l'objet de menaces de mort a obtenu l'asile constitutionnel (CNDA, 4 mai 2015, *Mme Y.*, nº 14036089).

2° Caractères des craintes de persécutions

Craintes personnelles

L'exigence selon laquelle le demandeur d'asile doit être personnellement exposé aux craintes qu'il dit redouter découle de la conception individualiste de la Convention de Genève. Cette nécessaire personnalisation des craintes de persécutions conduit à écarter l'invocation d'un risque qui serait lié à la seule appartenance à une minorité ethnique ou religieuse sans être accompagnée d'éléments démontrant que le demandeur est personnellement affecté par les agissements en cause pour prétendre à la protection (CNDA, SR 27 juin 2008, *O.K.*, n° 614442).

De même, la personne qui sollicite l'admission au statut de réfugié en se prévalant de son appartenance à un groupe social doit fournir des éléments circonstanciés notamment familiaux, géographiques, sociologiques, relatifs aux risques qu'elle encourt personnellement (CE, Ass., 21 déc. 2012, *M*[me] *F.*, n° 332491).

Cependant dans un contexte particulier de risque objectif de « purification ethnique » la Cour a jugé qu'un requérant appartenant aux musulmans bosniaques victimes de persécutions à caractère religieux et ethniques par des milices serbes et d'un enrôlement forcé dans l'armée fédérale yougoslave, a été considéré comme éligible au statut de réfugié (CNDA, 27 nov. 1992, *M.K.*, n° 227353).

La demande de protection qui résulte d'un climat général d'insécurité affectant une population n'était pas regardée comme justifiée jusqu'à l'introduction d'une protection spécifique des victimes civiles de conflits armés, la protection subsidiaire, qui a corrigé cette lacune du droit d'asile en assouplissant voire en renonçant dans certains cas à la recherche d'une individualisation des atteintes graves (*supra*, p. 78).

Craintes actuelles

L'admission à la protection internationale implique une actualité des craintes de persécutions. Si les raisons de redouter un retour dans le pays d'origine ont disparu, la protection sollicitée n'a pas lieu d'être. Est ainsi censurée la reconnaissance, en février 2012, de la qualité de réfugiée à une ressortissante ivoirienne pour son engagement dans un parti d'opposition au président Gbagbo qui ne prenait pas en compte le changement politique intervenu en 2011 à la suite de l'élection de M. Alassane Ouattara à la présidence de la Côte d'Ivoire (CE 5 mars 2014, *OFPRA c/ M*^elle^ *K.*, n° 359215).

3° Imputation des craintes de persécution

Craintes imputables au pays d'origine ou de résidence habituelle

Les persécutions doivent pouvoir être imputées au pays dont le demandeur d'asile est le ressortissant, à défaut au pays de sa résidence habituelle. Le pays de résidence habituelle est celui d'une personne qui a quitté son pays d'origine et qui s'est établi dans un autre qui le considère comme ayant les droits et les obligations attachés à la nationalité de ce pays. La détermination du pays de rattachement du demandeur d'asile est l'une des questions les plus difficiles pour l'Office et la Cour alors même que la nationalité du demandeur est un élément central puisque c'est au regard de ce pays que les craintes de persécutions sont examinées. Comment en effet évaluer des craintes de mauvais traitement en cas de retour dans un pays dont le lien avec le demandeur n'est pas démontré ?

L'Office et la Cour sont conduits à prendre fréquemment parti sur le pays de provenance des demandeurs à partir de l'étude des lois de nationalité des pays en cause et de tous les éléments permettant de rattacher ou non la personne à un pays, comme la connaissance de ce pays et de la région en cause, de la langue parlée, des traditions communes, etc.). La Cour a été censurée pour avoir demandé à un requérant de prendre l'attache des autorités consulaires de la Corée du Sud afin que celles-ci examinent son droit à la nationalité sud-coréenne sans se prononcer sur la nationalité nord-coréenne revendiquée par l'intéressé (CE 26 mai 2014, *M.G.*, n° 344265, après cassation la nationalité nord-coréenne du requérant a été admise).

Mais en cas de difficulté sérieuse, le juge de l'asile doit suspendre le jugement de l'affaire et saisir de la question de nationalité le juge judiciaire, seul compétent en vertu de l'article 29 du Code civil, pour déterminer la nationalité d'une personne.

Auteurs des persécutions

Une fois identifié l'État vis-à-vis duquel une personne peut éprouver des craintes, la question se pose de la désignation des auteurs des persécutions, autorités de l'État ou acteurs non étatiques ? La Convention de Genève centrée sur les motifs de persécutions ne mentionne ni les auteurs des persécutions ni les acteurs de la protection. La Commission des recours des réfugiés en a déduit que seules les persécutions imputables aux autorités légales étaient susceptibles d'ouvrir droit à la qualité de réfugié. Dans son livre *Le chemin des morts*, F. Sureau, alors rapporteur à la Commission des recours des réfugiés, rappelle qu'au début des années quatre-vingt, le principe était ancré dans la jurisprudence que seules des persécutions dont l'État était responsable pouvaient être retenues pour fonder une admission au statut de réfugié. L'auteur fait le récit de la demande d'asile d'un basque espagnol, menacé de mort par des polices parallèles encore actives malgré la chute du franquisme et qui n'a pu bénéficier du statut de refugié au motif que ses craintes de persécutions n'émanaient pas d'autorités de l'État.

Le Conseil d'État allait faire évoluer la question de l'auteur des persécutions en jugeant que la qualité de réfugié n'est pas réservée aux victimes de persécutions émanant d'autorités publiques, mais s'étend aux groupes de particuliers lorsque « leurs agissements ont été encouragés ou tolérés par les autorités de l'État », si bien que les personnes ne sont pas en mesure de se réclamer de la protection de l'État (CE, Sect. D. 27 mai 1983, n° 42074).

La loi n° 2003-1176 du 30 décembre 2003 puis la directive « Qualification » 2004/83/CE du Conseil du 29 avril 2004 ont consacré une définition large des auteurs de persécution (CESEDA, art. L. 713-2) et précisé également les autorités susceptibles d'offrir une protection. Désormais, les craintes de persécutions peuvent être le fait des autorités de l'État, de partis ou d'organisations qui contrôlent l'État ou une partie substantielle du territoire de celui-ci, ou d'acteurs non étatiques en cas de carence des autorités susmentionnées. Quant aux autorités assurant une protection, ce sont les mêmes auxquelles il faut ajouter les organisations internationales au premier rang desquelles le HCR. L'élargissement de la notion d'agents de persécution constitue une avancée décisive qui s'est illustrée dans la protection des enfants exposés à des mutilations sexuelles dans les pays où les autorités de l'État sont dans l'incapacité de combattre efficacement ces pratiques coutumières enracinées dans les familles et la société environnante, malgré une législation les réprimant et une politique s'efforçant de les éradiquer. Il a également permis de tenir compte d'agissements imputables à des groupes de particuliers hostiles aux LGBT.

4° Exclusion de la protection

L'article L. 711-3 du CESEDA renvoie aux trois catégories d'exclusion de la protection de la Convention de Genève (sections D, E et F de l'article 1er). La section D exclut du champ de la convention les personnes qui peuvent se prévaloir d'une protection ou d'une assistance équivalente de la part d'un organisme ou d'une institution des Nations unies autre que le Haut-commissariat pour les réfugiés marquant ainsi le caractère subsidiaire de la convention. Elle concerne essentiellement les réfugiés palestiniens au Proche-Orient pris en charge par l'Office de secours et des travaux des Nations unies (UNRWA).

De même, la convention n'est pas applicable à la personne qui jouit de la protection d'un pays où elle a établi sa résidence habituelle et où elle est considérée par les autorités comme ayant les droits et les obligations attachés à la possession de la nationalité de ce pays (section E).

La section F, la plus souvent en cause, porte sur l'exclusion du bénéfice de la convention provoquée par le comportement du demandeur d'asile sur lequel pèsent de sérieux soupçons d'être l'auteur de crimes. Alors même que ses craintes de persécutions sont établies, il est jugé indigne de bénéficier de la protection juridique en raison de ses actes. Au-delà de cette indignité, il s'agit d'éviter que des auteurs de crimes se servent de l'institution de l'asile pour se soustraire à la justice de leur pays. Ces situations sont difficiles à appréhender. En effet, si l'existence de « raisons sérieuses de penser » suffit à fonder une exclusion (CE 24 juin 2015, n° 370417), la gravité des conséquences qui s'y attachent conduit à interpréter de manière restrictive la notion d'exclusion et à apprécier le degré d'implication personnelle de la personne en cause, la gravité des faits et le caractère intentionnel des actes reprochés. S'agissant, par exemple, de ressortissants turcs d'origine kurde impliqués dans des agissements menés par le Parti des travailleurs du Kurdistan (PKK) qui figure sur la liste des organisations terroristes, sont examinés tour à tour le rôle effectif joué par la personne dans la réalisation des actes, sa position au sein de l'organisation, le degré de connaissance qu'elle avait ou était censée avoir des activités de celle-ci pour évaluer sa responsabilité individuelle (CJUE, Gr. ch., 9 nov. 2010, *B et D (Allemagne)*, C-57/09 et C-101/09).

Cette exclusion s'étend aux personnes qui sont les instigatrices ou les complices des crimes ou des agissements en cause ou qui sont personnellement impliquées.

Ces exclusions s'appliquent, selon la Convention de Genève, aux personnes qui ont commis :

— « un crime contre la paix, un crime de guerre ou un crime contre l'humanité » (art. 1Fa) ; ces crimes sont qualifiés comme tels par référence à des instruments internationaux tels que la convention pour la répression du crime et du génocide et le statut de Rome de la Cour pénale internationale du 17 juillet 1998. Cette clause a, par exemple, justifié l'exclusion d'un milicien, membre du Groupement pour la libération de la Côte d'ivoire qui avait participé à des activités de renseignement, à des arrestations et à la répression de la manifestation de soutien à Alassane Ouattara (CNDA, 27 oct. 2014, *M.E.*, n° 14016605 C, *Rec.* 2014) ;

— « un crime grave de droit commun en dehors du pays d'accueil avant d'y être admises comme réfugiées » (art. 1Fb) ; cette clause trouve souvent à s'appliquer dans le cadre de conflits armés. L'article 12 de la directive « Qualification » ajoute que, même commises avec un objectif prétendument politique, les actions particulièrement cruelles, pourront être qualifiées de crimes graves de droit commun. Cette stipulation a fondé l'exclusion d'un ressortissant du Nigéria appartenant à une secte impliquée dans des actes de sorcellerie criminels (CNDA, 10 janv. 2016, *M.V.O.*, n° 14005047) ;

— enfin, « des agissements contraires aux buts et aux principes des Nations unies » (art. 1Fc) ; cette exclusion a, par exemple, été appliquée à une personne engagée au plus niveau du pouvoir rwandais dans la planification du génocide des Tutsis (CE 16 oct. 2009, *Mme H.*, n° 311793) et à un ressortissant turc d'origine kurde impliqué dans des activités terroristes et l'incendie de locaux d'une association culturelle turque (CNDA, 23 juin 2016, *M.K.*, n° 12025076)

5° Droits du réfugié

Le tout premier des droits dont jouit le réfugié est la protection contre le refoulement vers un pays où sa vie serait menacée pour les motifs énoncés par la convention. La reconnaissance de la qualité de réfugié emporte par ailleurs un ensemble de droits pour les bénéficiaires du statut, droit au séjour, au regroupement familial, au travail, au logement, à des prestations sociales, à la formation professionnelle, etc. La France accorde un traitement aussi favorable que celui accordé aux nationaux en ce qui concerne les droits fondamentaux (liberté religieuse, d'expression, de réunion, d'association, d'éducation primaire et l'accès à la protection sociale).

Principe de l'unité de famille

Le Conseil d'État a jugé en 1994 que les principes généraux du droit applicables aux réfugiés imposent « en vue d'assurer pleinement au réfugié la protection prévue par la convention » que la même qualité soit reconnue à son conjoint de même nationalité à condition que l'union soit antérieure au départ du pays ainsi qu'à ses enfants mineurs de même nationalité (CE, Ass., 2 déc. 1994, *Mme A.*, n° 112842). C'est le droit du réfugié à mener une vie familiale qui est au cœur de ce principe de l'unité de famille. À défaut, le bénéficiaire du statut qui a dû quitter son pays pour échapper à des persécutions serait privé de vie familiale et il est à craindre que le candidat à l'asile renonce à fuir pour éviter d'être séparé des siens. Ce principe confère tous les droits attachés à la qualité de réfugié à la personne unie au réfugié par le mariage à la date de la demande d'asile, au concubin qui entretenait une liaison suffisamment stable et continue avec le réfugié pour former une famille et à ses enfants mineurs. Il peut également être invoqué au profit d'un ascendant mais dans des conditions plus restrictives, l'ascendant devant être dans une situation de dépendance à l'égard de la personne reconnue ultérieurement réfugié avant le départ de ce dernier du pays d'origine (CE 28 juill. 2004, *Mme T.*, n° 229053). Le principe d'unité de famille ne peut pas être invoqué par le conjoint de même nationalité que le réfugié qui possède aussi la nationalité d'un autre pays auquel il peut réclamer la protection (CE 23 févr. 2009, *OFPRA c/ M.B.*, n° 283246).

Droit au séjour

Le réfugié a droit à la délivrance d'une carte de résident de dix ans sous la seule réserve, qui vaut pour tous les étrangers, que sa présence ne constitue pas une menace pour l'ordre public. Passé ce délai de cinq ans, le droit au séjour ne peut plus être remis en cause, le réfugié peut alors obtenir une carte de résident longue durée.

Indépendamment de l'application de la jurisprudence sur l'unité de famille qui ouvre droit à la carte de résident, l'article L. 14-11-8° du CESEDA issu de la loi du 29 juillet 2015 précise les membres de la famille du réfugié qui bénéficient de la carte de résident et en étend le bénéfice aux personnes unies au réfugié postérieurement à la demande d'asile mais aussi aux proches qui l'ont rejoint à la suite d'une procédure de réunification familiale.

Ce titre de séjour est octroyé (CESEDA, art. L. 314-11, 8°) :

— au conjoint du réfugié, son partenaire lié par une union civile, son concubin s'il a été autorisé à séjourner en France au titre de la réunification familiale ;

— au conjoint du réfugié ou son partenaire lié par une union civile, âgé d'au moins 18 ans, si le mariage ou l'union civile est postérieur à l'introduction de la demande d'asile, que l'un ou l'autre ait été célébré depuis au moins un an et d'une communauté de vie effective ;

— à ses enfants dans l'année qui suit leur dix-huitième anniversaire ;

— aux ascendants directs au premier degré du mineur non marié auquel la qualité de réfugié a été reconnue.

La procédure de réunification de la famille du réfugié se trouve facilitée par la dispense des conditions exigées d'un étranger non réfugié admis à séjourner en France relatives à la durée de séjour, aux ressources et au logement du bénéficiaire du statut. Un refus opposé à cette réunification ne pourrait donc être fondé que sur une situation de polygamie, une menace à l'ordre public du membre de la famille en cause ou une application de la clause d'exclusion.

Par ailleurs, l'un des obstacles au regroupement familial tenant aux difficultés voire à l'impossibilité dans certains pays de produire les documents d'état civil exigés par les postes diplomatiques pour établir les liens de filiation a été levé à la suite de la condamnation de la France par la CEDH (10 juill. 2014, *Tanda-Muzinga c/ France*, n° 2260/10). La délivrance du visa de long séjour donnant accès au territoire français est désormais admise, en l'absence d'actes d'état civil ou de doute sur leur authenticité, par l'établissement de la filiation à partir de faits constatés par la famille ou l'entourage qui révèlent le lien de filiation (possession d'état) et de documents établis ou authentifiés par l'OFPRA justifiant de la situation de la famille et de l'identité des demandeurs (CESEDA, art. L. 751-2).

Assimilation aux nationaux

Le réfugié, titulaire de la carte de résident, est assimilé aux nationaux. Il peut exercer toutes les professions, à l'exception de la fonction publique, il a droit aux allocations de solidarité, à la formation professionnelle et linguistique, et peut solliciter un logement social.

État civil et titre de voyage

L'Office exerce la protection juridique administrative des réfugiés. Il se substitue aux autorités du pays d'origine pour la délivrance d'actes tenant lieu d'acte de naissance, d'acte de mariage, de livret de famille si les enfants sont en France. Les préfectures délivrent l'équivalent d'un passeport appelé « titre de voyage pour réfugié » qui permet de circuler en tous pays, à l'exception du pays d'origine ou de résidence habituelle.

Transfert de protection

Selon une jurisprudence ancienne et constante, une personne reconnue réfugiée dans un pays tiers, doit, pour obtenir le transfert de son statut en France, y avoir été préalablement admise à résider (CRR, 20 juin 2003, *M.M.*, n° 02009385/407227).Un ressortissant russe d'origine tchétchène qui avait obtenu le statut de réfugié en Pologne en raison des risques de persécutions auxquels l'exposait sa participation à la première guerre d'indépendance en Tchétchénie est entré en France pour demander l'asile sans avoir sollicité une autorisation de séjour. Il faisait valoir qu'il était menacé en Pologne par des hommes envoyés de Tchétchénie pour traquer les « rebelles ».

Le Conseil d'État juge que la présomption que les États membres de l'UE respectent les droits fondamentaux des réfugiés fait obstacle à l'examen en France de sa demande d'asile, le bénéficiaire du statut de réfugié ne pouvant plus revendiquer auprès d'un autre État les droits qu'il tient de la Convention de Genève, sans avoir été préalablement admis au séjour. Mais cette présomption peut être renversée si les craintes de persécution sont avérées et que le pays d'accueil est dans l'incapacité d'assurer une protection effective au réfugié. En ce cas, l'intéressé sera regardé comme sollicitant pour la première fois en France le statut de réfugié (CE, Ass., 13 nov. 2013, *Cimade et O.*, n° 349735).

Cette présomption de respect des droits fondamentaux par les États membres de l'UE avait trouvé également à s'appliquer dans une situation distincte puisqu'il s'agissait d'un citoyen européen roumain qui invoquait à l'appui de sa demande les persécutions dont les Roms sont victimes en Roumanie (CNDA SR 30 mars 2011, *M.L.*, n° 10013804)

IV. La protection subsidiaire

La plupart des États dans le monde ont développé des formes de protection complémentaire ou subsidiaire pour répondre à la diversité des atteintes graves n'entrant pas dans le champ des motifs de la Convention de Genève.

En France, un régime d'asile territorial a été mis en œuvre en dehors de tout fondement textuel pour admettre au séjour à titre provisoire des victimes de persécutions émanant d'acteurs non étatiques, tels que les ressortissants d'ex-Yougoslavie en 1992, les Algériens menacés par le Front islamique du Salut entre 1994 et 1998 jusqu'à la loi n° 98-349 du 11 mai 1998 qui a consacré ce régime. Ce statut était accordé par le ministre de l'Intérieur, à l'étranger, qui établissait que sa vie ou sa liberté était menacée dans son pays d'origine ou qu'il était exposé à la torture ou à des traitements inhumains et dégradants au sens de l'article 3 de la Convention européenne de sauvegarde des droits de l'Homme et des libertés fondamentales. Critiqué notamment pour son caractère discrétionnaire, l'asile territorial a été abrogé par la loi n° 2003-1176 du 10 décembre 2003 et remplacé par la « protection subsidiaire », reprise peu après par la directive européenne « Qualification » de 2004.

Cette protection subsidiaire est reconnue à la personne « qui établit être exposée dans son pays à l'une des menaces graves suivantes : la peine de mort ou une exécution, la torture ou les peines ou traitements inhumains ou dégradants et, s'agissant d'une victime civile à une menace grave et individuelle contre sa vie ou sa personne en raison d'une violence qui peut s'étendre à des personnes sans considération de leur situation personnelle résultant d'une situation de conflit armé interne ou international » (CESEDA, art. L. 712-1)

Elle présente trois caractéristiques : en premier lieu, elle est, conformément à sa dénomination, subsidiaire en ce sens que son octroi ne peut être envisagé qu'après avoir écarté toute prétention du demandeur à la qualité de réfugié. Le Conseil d'État a censuré une décision de la Cour qui, après avoir relevé que le demandeur était exposé à des risques liés à son appartenance à la minorité assyro-chaldéenne, qui est un motif de persécution ethnique relevant de la Convention de Genève, lui avait octroyé la protection subsidiaire en raison du climat de violence généralisée qui prévalait en Irak (CE 15 mai 2009, *Melle K.*, n° 292564 B).

C'est, en deuxième lieu, une protection qui ne repose que sur le constat de menaces d'atteintes graves définies par leur nature, sans qu'il soit besoin de qualifier les causes de ces menaces, à la différence de l'article 1 A2 de la Convention de Genève.

Mais, les droits conférés par la protection subsidiaire sont plus limités, le bénéficiaire n'étant admis au séjour que pour une durée d'un an, renouvelable ensuite pour une période de deux ans.

1° Une protection sans motif prédéterminé

La protection subsidiaire s'attache à des atteintes individuelles graves mais aussi à des violences collectives infligées aux civils dans les conflits armés.

La peine de mort

Les États européens refusent d'expulser les personnes risquant des condamnations à la peine de mort sur le fondement du droit à la vie consacré par la Convention européenne des droits de l'Homme et son Protocole n° 13 ratifié par la grande majorité des États membres du Conseil de l'Europe qui abolit en toutes circonstances, la peine de mort. Ce risque a justifié l'octroi de la protection subsidiaire à une Iranienne condamnée à la lapidation pour adultère (CRR, 5 janv. 2007, *M*[me] *E.*, n° 574329). L'article L. 712-2 nouveau du CESEDA a ajouté à la condamnation à la peine de mort par une juridiction, le risque d'une exécution extrajudiciaire.

La torture ou les peines ou traitements inhumains ou dégradants

Ce motif, le plus souvent invoqué au titre de la protection subsidiaire, est repris à l'identique de l'article 3 de la Convention européenne des droits de l'Homme et de l'article 4 de la Charte des droits fondamentaux : « nul ne peut être soumis à la torture ou à des traitements inhumains ou dégradants » (CESEDA, art. L. 712-1). Il a donné lieu à une abondante jurisprudence tant de la CEDH que de la CJUE.

Sur ce fondement, la protection subsidiaire a été octroyée à des personnes exposées à des violences conjugales (CNDA, 6 sept. 2011, n° 10023173, s'agissant d'une femme contrainte à une union forcée et qui subissait des violences domestiques sans pouvoir attendre aucune protection de l'État ni de son entourage pour elle-même et ses enfants), à des atteintes à l'intégrité physique émanant de groupes mafieux et criminels, à des vengeances privées et des vendettas pour crimes de sang qui se poursuivent sur plusieurs générations, à des violences infligées par les responsables d'un réseau de prostitution envers une femme isolée sans protection effective des autorités (CNDA, 29 juill. 2011, *Melle O.*, n° 0020534), à des agissements délictueux d'agents publics ou de détenteurs de l'autorité, des menaces de mort proférées à l'encontre d'un journaliste mongol, auteur d'articles dénonçant l'implication de personnalités politiques dans des activités illégales (CNDA, 12 janv. 2012, *M.J.*, n° 10026046).

Deux exemples illustrent des situations où le régime de protection a oscillé entre protection conventionnelle et protection subsidiaire : le cas des enfants exposés à des mutilations sexuelles et celui des victimes des réseaux de prostitution.

En 2007, l'OFPRA décide de faire bénéficier de la protection subsidiaire des petites filles maliennes nées en France, mais menacées de subir des mutilations sexuelles en cas de retour de leurs parents dans le pays d'origine tant est forte la pression familiale et sociétale en faveur de cette pratique. Cette démarche inédite permettait de protéger la personne de l'enfant qui ne pouvait l'être au titre de l'asile que par ricochet de celle accordée aux parents. En 2009, la Cour nationale du droit d'asile a confirmé l'octroi de la protection subsidiaire à ces enfants.

Cependant le Conseil d'État, saisi d'un pourvoi contre ces décisions, tout en validant cette approche de la personne de l'enfant, juge par une avancée majeure, que ces enfants font partie du groupe social des enfants menacés de mutilations sexuelles lesquelles sont assimilables à des persécutions. Jugeant qu'il s'agit d'un fait social objectif, il leur reconnaît la qualité de réfugié, alors même que l'enfant n'a jamais vécu dans le pays censé être « persécuteur ». En revanche, les parents de ces enfants mineurs nés en France, où les mutilations sexuelles sont pénalement réprimées, ne peuvent être regardés comme appartenant à un groupe social parental du seul fait qu'ils se sont abstenus de faire exciser leur enfant. (CE, Ass., 3 déc. 2012, *Mme D.N. et Mme F.*, n° 332491 et n° 332492, *Mme T.*, n° 332607). Mais la loi de 2015 prévoit la délivrance de plein droit d'une carte de résident aux parents d'enfants ayant la qualité de réfugié. Par ailleurs, l'Office est habilité à soumettre une mineure reconnue réfugiée à un examen médical pour s'assurer qu'elle n'a pas, après l'obtention du statut, subi de mutilation sexuelle.

Le sort des femmes qui parviennent à s'extraire de réseaux d'exploitation sexuelle pose la question de leur protection au regard de la passivité des autorités de l'État et du regard social à l'origine de discriminations et d'ostracisme de la société environnante. Le régime de protection susceptible de s'appliquer a donné lieu à des divergences de jurisprudence. En 2011, une décision de la CNDA reconnait la qualité de réfugié à une femme en raison de son appartenance au groupe social de femmes originaires du Nigeria qui avaient pour expérience commune leur fuite d'un réseau de prostitution (CNDA, 29 avr. 2011, *Mme E.F.*, n° 10012810). Le Conseil d'État a annulé cette décision, reprochant à la Cour de ne pas avoir recherché si la société environnante du pays pratiquait un ostracisme social à l'égard de la prostitution susceptible d'exposer les intéressées au risque de persécutions (CE, Sect., 25 juill. 2013, *OFPRA c/*

Mme E.F., n° 350661). Le critère déterminant de la reconnaissance d'un groupe social est donc clairement centré sur la condition d'une perception sociale négative ou non de ces femmes dans leur pays d'origine qui peut varier selon les États. Lorsque la protection conventionnelle est écartée, les intéressées bénéficient le plus souvent de la protection subsidiaire en raison des risques de représailles par des membres du réseau notamment pour les dettes qu'elles ont dû contracter lors de leur venue en France.

La violence aveugle contre les civils dans les conflits armés

L'une des principales innovations de la directive « Qualification » est la consécration d'une protection internationale en faveur des civils exposés à « une menace grave et individuelle contre (leur) vie ou (leur) personne en raison d'une violence qui peut s'étendre à des personnes sans considération de leur situation personnelle et résultant d'une situation de conflit armé interne ou international ».

Jusqu'alors la nécessaire individualisation des menaces conduisait à écarter systématiquement du bénéfice d'une protection les personnes qui se prévalaient de menaces généralisées affectant l'ensemble ou même une partie de la population. La directive « Qualification » de 2004 (art. 15 c) a fait entrer dans le champ de la protection subsidiaire, les victimes de conflits armés lorsque la violence subie est qualifiée « d'aveugle ».

Mais c'est la CJUE qui, dans un arrêt *Elgafaji* (Gr. ch., 17 févr. 2009, C-465/07) du 17 février 2009, a donné une portée décisive à cette disposition en établissant un régime de preuve spécifique. Dans un contexte de conflit armé, c'est-à-dire lorsque les forces régulières d'un État affrontent un ou plusieurs groupes armés ou lorsque deux ou plusieurs groupes armés s'affrontent (CJUE 30 janv. 2014, *Diakité c/ Belgique*, C- 285/12) le demandeur est dispensé d'apporter la preuve qu'il est visé de manière spécifique dès lors que le degré de violence est si élevé qu'il existe des raisons sérieuses de considérer qu'un civil renvoyé dans le pays ou la région concernés mettrait sa vie en danger, du seul fait de sa présence sur ce territoire. Une individualisation des craintes n'est exigée que si le degré de violence est de moindre intensité. Ce raisonnement a été repris par le Conseil d'État s'agissant de civils pris au piège dans les zones du Nord et de l'Est du Sri Lanka où l'armée cingalaise avait engagé les derniers combats contre les poches où les combattants du LTTE (*Liberation Tigers of Tamil Eelam*) s'étaient retranchés (*OFPRA c/ B.*, 3 juill. 2009 n° 320295).

Cette protection particulière a bénéficié à des ressortissants de pays victimes de conflits armés comme le Sri Lanka et la Colombie. Elle est accordée aujourd'hui à des demandeurs d'asile venant de Syrie, d'Afghanistan, de la République du Soudan, de la République du Soudan du Sud, de Somalie, d'Irak ou de la République centrafricaine. Pour apprécier le niveau d'individualisation des craintes, des pays comme l'Afghanistan sont classés, en fonction de l'intensité des menaces, en zones de provinces ou situation de violence généralisée de très haute ou de haute intensité, d'intensité variable ou d'absence de violence généralisée.

Il est mis fin à l'octroi de la protection subsidiaire lorsque cessent les combats, comme ce fut le cas au Sri Lanka en 2009 (CNDA, 9 juill. 2009, n° 07011854).

2° Caractères des atteintes graves et motifs d'exclusion de la protection subsidiaire

Bien que la protection subsidiaire ne se rattache pas à un motif prédéterminé à la différence de la protection conventionnelle, les risques couverts par les deux protections présentent des caractéristiques communes quant à leur actualité, leur gravité intrinsèque. Les auteurs des atteintes graves sont les mêmes et l'asile interne peut être opposé au demandeur dans les mêmes conditions. La seule différence porte sur le principe d'individualisation du risque qui permet d'octroyer la protection subsidiaire à un civil, sans considération de sa situation individuelle lorsque la région d'origine est affectée par une violence d'une intensité élevée.

Les actes qui justifient l'exclusion du bénéfice de la protection subsidiaire sont énumérés à l'article L. 712-2 du CESEDA. Ce sont les mêmes que ceux de la protection conventionnelle sous réserve que le texte ne précise pas s'agissant d'un crime grave, le lieu où il est commis ni qu'il doit être qualifié de crime de droit commun et qu'il exclut en outre les personnes exerçant des activités sur le territoire qui constitueraient une menace pour l'ordre public, la sécurité publique, ou la sûreté de l'État. C'est le cas d'un demandeur d'asile exclu pour son activité de diffusion de propagande incitant à commettre des actes de terrorisme en lien avec la mouvance djihadiste internationale (CNDA, 21 avr. 2011, *M.R.*, n° 100013998) et d'un Bangladais responsable d'un réseau criminel poursuivi pour ce motif dans son pays (CNDA, 3 nov. 2015, *M.B.*, n° 100013998).

3° Droits du bénéficiaire de la protection subsidiaire

La transposition de la directive « qualification » dans la législation nationale a opéré un rapprochement entre la situation du bénéficiaire de la protection subsidiaire et celle du réfugié statutaire en ce qui concerne le droit au séjour de la famille et ses droits sociaux, etc. Mais le premier demeure sous un statut plus précaire, la carte de séjour temporaire étant limitée à une durée d'un an et n'est renouvelée que par période de deux ans. Elle peut lui être retirée à l'expiration de sa durée de validité et à tout moment si les circonstances ayant justifié la protection ont cessé d'exister ou ont connu un changement suffisamment significatif et durable pour ne plus être justifiée. Après cinq années, le bénéficiaire de la protection subsidiaire peut néanmoins obtenir une carte de résident de dix ans, sous réserve de justifier de son intégration.

La personne admise à la protection subsidiaire ne peut prétendre à l'application du principe de l'unité de famille pour ses proches (CE 18 déc. 2008, *OFPRA c/ M*[me] *A.*, n° 283245), mais la transposition de la directive « Qualification » a supprimé toute différence quant à la désignation des bénéficiaires de la carte de séjour.

L'OFPRA joue le rôle de protection consulaire de substitution pour les actes d'état civil dans les mêmes conditions que pour les réfugiés statutaires. Les bénéficiaires de la protection subsidiaire ont accès au marché du travail, ils ont droit à une couverture maladie et au revenu de solidarité active. Le droit de circuler dans tous pays à l'exception du pays d'origine ou de résidence habituelle est matérialisé par la délivrance d'un « titre d'identité » et « de voyage ».

V. Autorités compétentes pour la protection internationale

1° Au sein de l'Union européenne

La demande d'asile bien que déposée en France peut relever d'un autre État européen en application du règlement de l'Union européenne n° 604/2013 du 26 juin 2013 dit « Dublin III » qui impose aux États membres des critères et mécanismes de détermination de l'État membre responsable de l'examen de la demande de protection internationale. L'autorité préfectorale est compétente pour décider de la remise d'un étranger non ressortissant d'un État membre aux autorités d'un autre État membre.

Les critères de détermination fixés par le règlement sont les suivants :

Pour les mineurs isolés, l'État membre qui doit examiner la demande est celui où est légalement présent un membre de leur famille, un frère ou une sœur, ou une personne proche capable de s'occuper d'eux (oncle, tante, grands-parents).

S'agissant de mineurs accompagnés, les États doivent s'assurer de l'intérêt supérieur de l'enfant et prendre en compte les possibilités de regroupement familial, le bien-être et le développement social du mineur.

Le critère de l'unité familiale est également privilégié pour les adultes. La demande est examinée par l'État membre où les demandeurs ont déjà des membres de leur famille ayant obtenu une protection internationale ou formulé une telle demande.

À défaut de rattachement familial, le critère est celui du lieu de résidence légale. Les demandeurs ayant un titre de séjour ou un visa en cours de validité ou récemment expiré peuvent voir leur demande examinée dans l'État ayant délivré ce document. Le critère suivant est celui du point d'entrée du demandeur qui a franchi la frontière d'un État membre en provenance d'un État tiers.

Enfin, l'ultime cas de figure est le lieu d'introduction de la demande. Si aucun des autres critères ne s'applique, les demandeurs relèvent de la responsabilité de l'État membre où la demande a été présentée.

Lorsque l'État français estime ne pas être responsable de l'examen de la demande d'asile, la procédure se déroule en plusieurs phases : il saisit l'État en cause dans le délai de six mois d'une demande de prise en charge, la réponse doit intervenir dans les deux mois, à défaut l'acceptation est implicite. En cas d'accord, la réadmission est réalisée dans le délai de six mois qui suit la réponse positive et de dix-huit mois si l'étranger a pris volontairement la fuite. En cas de refus de prise en charge de l'État sollicité, l'étranger peut déposer une demande d'asile en France.

La personne en instance de transfert vers un autre État européen bénéficie d'un droit de séjour provisoire et des droits sociaux qui s'y attachent jusqu'à son transfert effectif vers l'État de destination (CJUE 27 sept. 2012, *CIMADE et GISTI c/ ministre de l'Intérieur*, C-179/11). La décision de transfert peut faire l'objet d'un recours dans le délai de quinze jours devant le président du tribunal administratif. Si l'étranger est assigné à résidence ou en rétention, le délai est réduit à 48 heures. Ces recours suspendent l'exécution de la décision de transfert.

Mais les États peuvent toujours décider d'examiner une demande de protection qui ne relève pas de leur compétence.

En 2015, l'État français a procédé à 12000 saisines d'un État responsable, ce qui représente 13 % de la demande d'asile globale, mais seules 525 d'entre elles ont donné lieu à des réadmissions effectives (6,7 %). Les réadmissions en France à partir d'un autre État membre, selon les critères du Règlement « Dublin III », ont été plus nombreuses puisqu'elles représentent 8,9 % de la demande globale à l'initiative principalement de l'Allemagne, de la Belgique et de la Suisse.

2° En France

La loi de 1952 a confié l'examen des demandes d'asile à un établissement public, l'OFPRA qui jouit de l'autonomie financière et administrative. Il est placé sous une tutelle ministérielle qui a varié dans le temps, le ministère de l'Intérieur, depuis 2010. L'Office exerce en toute impartialité ses missions et ne reçoit, dans leur accomplissement, aucune instruction (CESEDA, art. L. 721-3). Il a pour mission d'examiner les demandes d'asile tant sur le fondement de la Convention de Genève que sur celui de la protection subsidiaire. Il exerce également la protection juridique et administrative des personnes qui ont été reconnues comme réfugiées ou bénéficiaires de la protection subsidiaire (CESEDA, art. L. 721-2). Au 31 décembre 2015, la protection de l'Office s'exerçait sur 206 270 personnes.

Il est également habilité à reconnaître la qualité d'apatride définie par la Convention de New York du 28 septembre 1954 aux personnes dépourvues de nationalité et qui ne bénéficient de la protection d'aucun État. Ce sont les tribunaux administratifs de droit commun et non la CNDA qui sont compétents pour juger les recours contre les refus de reconnaissance de l'apatridie.

L'OFPRA est géré par un directeur général nommé sur proposition conjointe du ministre des Affaires étrangères et du ministre chargé de l'asile. L'établissement est administré par un conseil d'administration comprenant des parlementaires, des représentants de l'État et des personnalités qualifiées. La présence du délégué du Haut-commissaire des Nations unies pour les réfugiés qui assiste aux séances du conseil d'administration et peut faire des propositions témoigne de la volonté d'associer étroitement le HCR au processus d'éligibilité à l'asile. Le conseil d'administration dont le président est nommé parmi ses membres sur proposition du ministre chargé de l'asile fixe les orientations générales de l'activité de l'Office. En l'absence d'une liste commune à l'Union européenne, il arrête la liste des pays considérés au niveau national comme des pays d'origine sûrs. Les demandes d'asile des ressortissants de ces pays sont examinées en procédure accélérée.

Quelques données :

En 2015, l'OFPRA a rendu 79800 décisions sur les 80000 demandes d'asile enregistrées. Le délai moyen de traitement des dossiers a été de sept mois en procédure normale pour des premières demandes et de quatre mois en procédure prioritaire. Mais l'Office a pour objectif de réduire sensiblement ces délais grâce au renfort de nouveaux officiers de protection et des améliorations apportées dans son organisation et son fonctionnement en 2014 et 2015. La directive « Procédure » fixe un délai de six mois aux autorités de détermination pour statuer en procédure normale et de quinze jours en procédure accélérée.

VI. Demande de protection internationale

1° Entrée et admission au séjour

L'accès au territoire du pays d'accueil constitue un préalable sans lequel la quête même d'une protection serait vaine. Le demandeur d'asile étant rarement en possession des documents justifiant d'une entrée régulière sur le territoire, il ne doit pas être pénalisé en cas d'entrée et de séjour irréguliers (Convention de Genève, art. 31).

Dépôt de la demande en préfecture

Tout étranger entré sur le territoire dépose en personne sa demande d'asile en préfecture.

Une concertation menée par les pouvoirs publics avec tous les acteurs de l'asile avant la réforme de l'asile par la loi du 29 juillet 2015 ayant souligné la complexité de l'accès à la procédure d'asile, le dispositif national d'accueil a fait l'objet d'une refonte complète. Il réunit désormais en un seul lieu dans chaque région (guichet unique) d'une part, les services de la préfecture chargés de l'enregistrement des demandes et de la délivrance des attestations de demande d'asile et, d'autre part, les services de l'Office français de l'immigration et de l'intégration (OFII) qui sont désormais responsables de l'accueil et de l'hébergement des demandeurs d'asile.

Avant de se rendre à ce guichet unique, le demandeur se présente auprès d'une plateforme de pré-accueil dont la mission est de renseigner le formulaire d'enregistrement de la demande et d'organiser le rendez-vous auprès du guichet unique régional.

Le préfet enregistre la demande qui comporte des indications sur l'état civil du demandeur, ses conditions d'entrée en France et ses itinéraires de voyage depuis le pays d'origine ainsi que ses conditions d'hébergement et procède au relevé de ses empreintes digitales. S'il estime que l'État français n'est pas responsable de l'examen de la demande, il engage la procédure de transfert selon la procédure du règlement européen.

Dans le cas contraire, il délivre l'attestation de demande d'asile et informe le demandeur du déroulement de la procédure.

Les associations comme France Terre d'Asile, ADOMA, Coallia, La Croix rouge, Forum réfugiés, la CIMADE, etc. qui accueillent, renseignent, aident dans leurs démarches administratives et sociales les demandeurs et gèrent les centres d'accueil pour demandeurs d'asile constituent par leur engagement et leur expérience de véritables piliers du droit d'asile.

L'accroissement des flux migratoires a conduit à mettre en place, à partir de 1982, une procédure d'asile à frontière qui a pour objet d'autoriser ou non l'entrée sur le territoire d'une personne qui se présente sans être munie des documents requis pour y être admis.

En dehors du cas où la demande relève de la compétence d'un autre État européen, le ministre de l'Intérieur est compétent pour refuser l'entrée sur le territoire d'un étranger pour trois motifs : en premier lieu, l'intéressé bénéficie déjà d'une protection effective au titre de l'asile dans un autre État membre de l'Union européenne ou il a été reconnu réfugié dans un pays tiers où sa protection est effective, en deuxième lieu, le préfet estime que la demande de réexamen de sa situation au titre de l'asile est irrecevable et enfin sa demande est regardée comme manifestement infondée selon la définition qu'en donne la loi : « une demande qui, au regard des déclarations faites par l'étranger et des documents, le cas échéant produits, est manifestement dénuée de pertinence au regard des conditions d'octroi de l'asile ou manifestement dépourvue de toute crédibilité en ce qui concerne le risque de persécutions ou d'atteintes graves » (CESEDA, art. L. 213-8-1).

Cette procédure exclusivement mise en œuvre dans les grands aéroports, permet de retenir l'étranger en « zone d'attente » le temps nécessaire pour examiner si la demande répond à l'un des motifs énoncés. Ce maintien en zone d'attente ne peut excéder vingt jours sous le contrôle du juge des libertés et de la détention. Sauf si un autre État est compétent pour examiner la demande d'asile, l'OFPRA doit préalablement être consulté. Il auditionne l'étranger et rend un avis dans un délai de 48 heures. L'avis favorable à l'entrée sur le territoire lie le ministre à l'exception du cas où l'entrée en France de l'intéressé constitue une menace pour l'ordre public. Si un refus d'entrée en France est prononcé, la décision ne peut être exécutée avant un délai de 48 heures pour permettre d'en demander l'annulation au président du tribunal administratif qui statue dans un délai de 72 heures.

Jusqu'en 2007, l'étranger pouvait être renvoyé dès la notification du refus d'entrée malgré le recours formé contre cette décision.

La création d'un recours qui suspend le renvoi de l'étranger est la conséquence de la condamnation de la France par la CEDH qui avait relevé le caractère ineffectif du recours non suspensif du renvoi dans le pays d'origine (CJUE 26 avr. 2007, *Gebremedhin*, n° 25389/05). Ce jugement est susceptible d'un appel devant le président de la cour administrative d'appel.

Si l'étranger est admis sur le territoire, sa demande d'asile est instruite par l'Office selon la procédure habituelle. En revanche, l'absence de recours ou son rejet entraîne l'éloignement de l'étranger vers son pays d'origine.

Les demandes d'asile à la frontière, moins de 1000 par an, sont en baisse régulière depuis 2008. Elles ont donné lieu à des autorisations d'entrée sur le territoire dans la proportion de 26 % en 2015.

2° Saisine de l'OFPRA

Le demandeur présente à l'Office une demande écrite en langue française par l'intermédiaire d'un formulaire remis par le préfet en même temps que l'attestation de demande d'asile dans les vingt et un jours qui suivent la remise de cette attestation. Outre son état civil et celui de sa famille (description de la composition de la famille, de ses unions, des personnes présentes en France qui auraient obtenu une protection internationale), il fournit des renseignements personnels (études, service militaire), le lieu de sortie du territoire, les lieux de résidence hors de son pays de plus de six mois, l'itinéraire suivi jusqu'à la France. Il indique les raisons de sa demande et joint toutes pièces et documents utiles pour étayer son récit qui doivent être traduits.

Si le demandeur est un mineur, il est représenté légalement par son ou ses parents. Si le mineur n'est accompagné par aucun membre de sa famille, le procureur de la République désigne immédiatement un administrateur *ad hoc* chargé d'assurer la représentation de ce mineur isolé dans toutes les procédures relatives à sa demande d'asile.

La loi de 2015 consacre une obligation nouvelle de coopération mutuelle entre le demandeur et l'autorité de détermination (art. L. 723-4). Celle-ci est méconnue lorsque le demandeur refuse de fournir des éléments sur son identité et sa nationalité et de se conformer à l'obligation de donner des empreintes digitales exploitables en application du Règlement EURODAC, comme c'est le cas, par exemple, de certains ressortissants des pays de la Corne de l'Afrique. La demande est placée en procédure accélérée lorsque le préfet constate l'impossibilité d'identifier des empreintes digitales. La CNDA a annulé en 2012 des décisions de l'Office qui avait rejeté des demandes d'asile au motif que le demandeur avait volontairement altéré ses doigts, rendant impossible le relevé de ses empreintes digitales sans procéder à leur examen. Ces demandes ont été renvoyées à l'Office pour qu'il procède à leur examen (CNDA, SR 21 févr. 2012, *Melle Y.*, n° 11032252). Dans ce contexte des éléments utiles sur le pays de provenance du demandeur peuvent être recueillis tant au cours de l'entretien personnel à l'Office que lors de l'instruction et de l'audience à la Cour pour vérifier que le demandeur possède la nationalité dont il se réclame. Si celle-ci est déterminée avec une certitude suffisante, le besoin de protection peut alors être examiné à l'égard de ce pays.

3° Demande d'asile en rétention

Un étranger en situation irrégulière qui, ayant fait l'objet d'une mesure d'éloignement, est placé en rétention administrative doit être informé dès son arrivée au centre de rétention de la possibilité de déposer une demande d'asile auprès de l'Office dans un délai de cinq jours. L'autorité administrative peut, « si elle estime, sur le fondement de critères objectifs, que cette demande est présentée dans le sel but de faire échec à l'exécution de la mesure d'éloignement maintenir l'intéressé en rétention le temps strictement nécessaire à l'examen de sa demande d'asile par l'OFPRA et, en cas de décision de rejet ou d'irrecevabilité, dans l'attente de son départ »

L'Office auquel la demande d'asile a été transmise dispose de 96 heures pour statuer après avoir organisé un entretien personnel du demandeur avec l'assistance d'un interprète. Si la demande de protection est acceptée, la rétention prend fin immédiatement. Dans le cas contraire, le demandeur peut exercer un recours contre le refus de l'Office auprès de la CNDA. En parallèle, le demandeur peut demander l'annulation de son maintien en rétention dans le délai de 48 heures au tribunal administratif qui statue dans un délai de 72 heures. La décision de maintien en rétention n'affecte pas le contrôle du juge judiciaire des libertés et de la détention qui exerce son propre contrôle sur la décision de placement en rétention et son éventuelle prolongation.

4° Demande de réexamen

Un étranger dont la demande d'asile a fait l'objet d'une décision définitive de rejet peut solliciter un nouvel examen de sa situation au titre de l'asile s'il est en mesure d'établir que des faits nouveaux susceptibles de modifier la première appréciation portée sur sa demande sont intervenus depuis la dernière décision prise par l'Office ou par la CNDA ou bien qu'il n'en a eu connaissance qu'après l'une ou l'autre de ces décisions. Les demandes de réexamen ont représenté 8,5 % de la demande globale en 2014 et 7 % en 2015. La loi de 2015 encadre plus strictement la procédure de réexamen. La saisine de l'Office doit intervenir dans les huit jours (au lieu de vingt-et-un) qui suivent l'enregistrement de la demande et la remise de l'attestation de demande d'asile par le préfet. L'Office se livre ensuite à un examen préliminaire des faits et des éléments nouveaux, sans être tenu, à ce stade, de procéder à un entretien personnel. S'il conclut que les éléments présentés « n'augmentent pas de manière significative la probabilité que le demandeur justifie des conditions requises pour prétendre à une protection », la demande est déclarée irrecevable.

La demande de réexamen a été toutefois élargie à d'autres situations. Le réexamen est prévu non seulement après un premier rejet, mais il s'étend aussi au cas d'un retrait explicite de demande d'asile antérieure ou d'une décision de clôture du dossier à la suite d'une renonciation à poursuivre la procédure de demande d'asile.

5° Droits du demandeur d'asile

Droit au séjour

Le principe selon lequel un étranger qui sollicite la reconnaissance de la qualité de réfugié doit être autorisé à demeurer provisoirement sur le territoire jusqu'à ce qu'il ait été statué sur sa demande a été affirmé par deux arrêts d'Assemblée du Conseil d'État avant d'être consacré par la loi du 11 mai 1998 (CE, Ass., 13 déc. 1991, *N'Kodia et Préfet de l'Hérault c/ Dakoury*, *Rec.* 439 et 441).

La délivrance de l'attestation de demande d'asile vaut autorisation provisoire de séjour renouvelable jusqu'à ce que l'Office et, en cas de recours, la Cour aient statué. Avant la loi du 29 juillet 2015, le recours devant la CNDA ne faisait pas obstacle à une expulsion vers le pays d'origine lorsque la demande d'asile avait été traitée selon procédure prioritaire par l'OFPRA. En ce cas, le refus de protection pouvait être mis à exécution et l'étranger éloigné, avant que le recours ait été jugé. Ce régime unifié du caractère suspensif du recours devant la CNDA représente un réel progrès.

Conditions d'accueil et de vie

L'accueil des demandeurs d'asile ne se limite pas au droit au maintien sur le sol français pendant la durée de la procédure. La directive « Accueil » de 2013 renforce l'obligation pour l'État d'assurer à tous les demandeurs les moyens de mener une vie décente pendant cette période d'attente. La concertation sur l'asile déjà évoquée (*supra*) avait aussi relevé l'insuffisance des moyens consacrés aux demandeurs d'asile, notamment le déficit d'offre de logements et le caractère inéquitable des aides allouées. Les compétences attribuées auparavant au préfet pour organiser l'accueil des demandeurs et leur hébergement sont désormais confiées à l'OFII habilité à opérer une répartition des demandeurs sur l'ensemble du territoire pour éviter une trop forte concentration dans certaines régions.

Une allocation unique pour demandeur d'asile est versée à tous les demandeurs d'asile, qu'ils soient ou non hébergés, selon un barème variant en fonction du mode d'hébergement et de la composition de la famille. Le refus de l'offre initiale d'hébergement peut entraîner le retrait ou la suspension de la place d'hébergement attribué mais aussi de l'allocation.

Le demandeur d'asile a droit à la couverture maladie universelle. Il a accès au marché du travail après neuf mois si l'OFPRA, n'a pas statué dans ce délai. L'intéressé doit alors, comme tout étranger, demander une autorisation de travail sur présentation d'une promesse d'embauche ou d'un contrat de travail et la situation de l'emploi lui est opposable.

VII. Traitement de la demande de protection internationale

1° L'OFPRA

Instruction et entretien personnel

L'OFPRA procède dans tous les cas à un examen individuel de la demande d'asile et se prononce au terme d'une instruction unique sur la reconnaissance de la qualité de réfugié ou, à défaut, sur l'octroi de la protection subsidiaire. Quelle que soit la formulation de la demande, il examine d'abord son bien-fondé au regard de l'asile conventionnel puis, s'il l'écarte, son analyse porte sur l'octroi ou non de la protection subsidiaire.

Dès l'introduction de la demande d'asile, des officiers de protection de l'Office formés à cette mission procèdent à l'identification des demandeurs d'asile qui sont considérés comme vulnérables du fait de l'âge, du sexe, de l'orientation sexuelle ou de l'identité de genre, d'un handicap, d'une maladie grave, de troubles mentaux, ou des conséquences de tortures, de viols ou d'autres formes graves de violence psychologique, physique ou sexuelle. Dans un second temps, l'Office détermine des modalités d'examen qui permettent de prendre en compte les besoins particuliers de ces demandeurs.

Les mineurs non accompagnés sont pris en charge par des officiers de protection spécialisés et les demandes d'asile des personnes vulnérables peuvent être traitées en priorité. Si une personne éprouve de réelles difficultés à s'exprimer sur les motifs de sa demande de protection, l'entretien pourra, dans la mesure du possible, être mené par un agent de l'Office et en présence d'un interprète du même sexe que celle-ci (CESEDA, art. L. 723-6).

La réduction de la durée de traitement global de la demande d'asile a été l'un des principaux objectifs poursuivis par le Gouvernement. Elle s'est traduite dans la loi du 29 juillet 2015 par un encadrement strict des délais. L'Office dispose d'un délai de six mois en procédure normale qui peut dans certains cas être prolongé. Ce délai n'est toutefois qu'indicatif, sa méconnaissance n'entraînant aucune conséquence particulière. Il est réduit à quinze jours dans les nombreux cas où la demande est examinée en procédure accélérée. En effet, il est statué selon cette procédure rapide non seulement lorsque le demandeur présente de faux documents, fait de fausses déclarations, dépose des demandes soulevant des questions sans pertinence, mais aussi lorsqu'il vient d'un pays considéré comme d'origine sûr. La directive « Qualification » de 2013 a maintenu la possibilité pour chaque État membre de dresser sa propre liste des pays d'origine sûrs, mais elle impose désormais de les établir selon des critères communs (CESEDA, art. L. 722-1) : « Un pays est considéré comme d'origine sûr lorsque, sur la base de la situation légale, de l'application du droit dans le cadre d'un régime démocratique et des circonstances de politique générales, il peut être démontré que, d'une manière générale et uniformément pour les hommes comme pour les femmes, il n'y est jamais recouru à la persécution, ni à la torture, ni à des peines ou traitements inhumains ou dégradants et qu'il n'y a pas de menace en raison d'une violence qui peut s'étendre à des personnes sans considération de leur situation personnelle dans les situations de conflit armé international ou interne ».

Le conseil d'administration de l'Office est tenu de suivre régulièrement la situation des pays en cause pour veiller à l'actualité et la permanence des inscriptions et radier les pays ne remplissant plus les conditions requises. Il peut même procéder à une suspension d'inscription en cas d'évolution rapide de la situation d'un État.

Le Conseil d'État exerce son contrôle sur la légalité des décisions du conseil d'administration fixant la liste des pays d'origine sûrs. Il a annulé à plusieurs reprises, des inscriptions sur cette liste après avoir porté une appréciation sur la situation politique et des droits de l'Homme des pays en cause. En 2014, il a rejeté le recours de plusieurs associations dirigé contre la décision de l'OFPRA d'inscrire sur la liste la Géorgie et la République d'Albanie, estimant pour ce second État que ses ressortissants pouvaient y résider sans crainte de persécution mais en relevant toutefois « que persistent certaines difficultés dans la lutte des pouvoirs publics contre le crime organisé ». En revanche, il a retiré le Kosovo de cette liste jugeant qu'en dépit d'évolutions positives demeure une « instabilité du contexte politique et social dans cet État dont les institutions sont encore largement dépendantes du soutien des organisations et missions internationales » (*Association ELENA et autres*, 10 oct. 2014, n° 375474 et 375920). La réinscription du Kosovo comme pays d'origine sûr par le conseil d'administration de l'OFPRA le 9 octobre 2015 a fait l'objet d'un nouveau recours devant le Conseil d'État.

L'Office se prononce également selon la procédure accélérée, dès lors que le préfet a constaté lors de l'enregistrement de la demande que la présence du demandeur constitue une menace grave pour l'ordre public, que celui-ci a refusé de se conformer à l'obligation de donner ses empreintes digitales, a présenté de faux documents d'identité, fourni de fausses indications et que, sans motif légitime il n'a pas présenté sa demande dans le délai de cent vingt jours depuis son entrée en France.

Mais à tout moment, l'Office peut renoncer à cette procédure rapide et réorienter le dossier en procédure normale s'il l'estime nécessaire pour assurer un examen approprié de la demande.

Si, à l'issue de la procédure préliminaire, l'Office estime que la demande de réexamen est recevable, elle est examinée en procédure accélérée. Les éléments nouveaux invoqués à l'appui de la demande portent le plus souvent sur un changement du contexte politique, une condamnation judiciaire du demandeur ou des poursuites policières intervenues après le départ du pays d'origine ou encore des agissements contre des membres de sa famille en lien direct avec ses craintes personnelles.

La confidentialité des éléments relatifs à la personne sollicitant l'asile en France constitue une garantie essentielle du droit d'asile (Cons. const. 22 avr. 1997, n° 97-DC et CE 5 nov. 2014, n° 369658, *M.B.A.*). En effet, la divulgation aux autorités du pays d'origine de l'existence même d'une demande d'asile pourrait aggraver les risques encourus par le demandeur et donner lieu à des représailles sur sa famille. C'est pourquoi, seuls les agents habilités à mettre en œuvre le droit d'asile peuvent avoir accès aux informations détenues par l'Office.

Le droit à un entretien personnel à l'Office ayant été qualifié de garantie essentielle pour le demandeur, la CNDA a annulé des décisions qui n'avaient pas été précédées de cette audition et a renvoyé à l'Office l'examen de ces demandes (CE 10 oct. 2013, *OFPRA c/ M.Y.*, n° 362798 confirmant la décision de la CNDA). Eu égard à l'importance de cette phase d'entretien, la dispense d'audition ne peut tenir qu'à des raisons médicales, indépendantes de la volonté du demandeur qui interdisent de procéder à l'entretien ou au fait que l'Office s'apprête à prendre une décision reconnaissant le besoin de protection à partir des éléments en sa possession. La convocation à l'entretien a lieu au moins deux semaines à l'avance, en procédure normale et dans un délai plus bref en procédure accélérée. L'entretien est mené par l'officier de protection chargé de l'instruction de la demande en présence d'un interprète désigné dans l'une des cent langues pratiquées à l'Office qui a été choisie par le demandeur sauf s'il existe une autre langue dont il a une connaissance suffisante. Il permet au demandeur d'asile de s'expliquer sur son besoin de protection, de fournir des pièces et des explications permettant d'étayer sa demande mais aussi de compléter ou rectifier, le cas échéant, son récit écrit. Les déclarations orales et les réponses aux questions posées, constituent l'un des éléments essentiels d'appréciation des craintes de persécutions. La manière de mener l'audition, que ce soit par l'officier de protection ou, plus tard, par les juges à l'audience doit favoriser une expression libre en créant un climat de confiance qui permette un véritable échange.

La loi du 29 juillet 2015 introduit deux nouvelles garanties. D'abord, la présence d'un avocat ou d'un représentant d'une association de défense habilitée qui peut intervenir à l'issue de l'entretien pour formuler, des observations orales. Et, en second lieu, en complément de la communication du compte rendu écrit des déclarations orales faites au cours de l'audition, le demandeur d'asile a désormais accès à un enregistrement sonore de son entretien pour lui permettre, le cas échéant, de contester, dans le délai de recours, une erreur de traduction ou un contresens dans la transcription écrite de l'entretien qui pourrait influencer l'appréciation du besoin de protection (CESEDA, art. L. 733-5).

L'officier instructeur, pour apprécier les mérites de la demande s'appuie sur le récit initial, les déclarations orales du demandeur, les pièces du dossier, les informations sur la situation du pays d'origine et sur les faits invoqués recueillis auprès du centre de documentation de l'Office (division de l'information, de la documentation et des recherches — DIDR).

Décisions

Le directeur général de l'Office prend une décision expresse sur la reconnaissance de la qualité de réfugié, ou sur l'octroi de la protection subsidiaire, laquelle suppose que l'admission au statut de réfugié ait été écartée. Les décisions de refus sont motivées. L'Office s'est engagé dans une démarche de contrôle de qualité de la conduite de l'instruction et des décisions avec la coopération du HCR sur la base de nombreux critères d'évaluation.

2° La Cour nationale du droit d'asile (CNDA)

La décision administrative refusant d'admettre la demande d'asile peut être contestée devant la CNDA par un recours rédigé en français et formé dans le délai d'un mois (deux mois pour les requérants demeurant outre-mer).

La loi du 25 juillet 1952 relative à l'OFPRA avait créé, une juridiction administrative nationale spécialisée, la Commission des recours des réfugiés (CRR), qui a pris le nom de Cour nationale du droit d'asile en 2007.

Compétente pour statuer sur les recours formés contre les décisions de l'OFPRA qui refusent la qualité de réfugié ou la protection subsidiaire, la CNDA relève, comme toutes les juridictions administratives spécialisées, du contrôle de cassation du Conseil d'État. L'Office assurait, depuis 1952 la gestion administrative et financière de la Cour, alors même que celle-ci exerçait le contrôle juridictionnel de ses décisions. Cette anomalie souvent dénoncée, a pris fin le 1er janvier 2009. L'Office et la Cour sont désormais séparés et la Cour nationale du droit d'asile est aujourd'hui rattachée au Conseil d'État.

La composition de la Cour obéit à des règles originales illustrées notamment par la présence d'assesseurs non-magistrats. Elle est présidée par un membre du Conseil d'État désigné par le vice-président du Conseil d'État.

Ses formations de jugement sont présidées par quinze magistrats administratifs affectés à titre permanent à la Cour et des magistrats vacataires appartenant à l'ordre judiciaire, à l'ordre administratif ou à la Cour des comptes. La formation de jugement comprend outre le président, deux assesseurs. Le premier est une personnalité qualifiée nommée par le vice-président du Conseil d'État parmi d'anciens ambassadeurs, des universitaires, des agents publics de diverses administrations. Le second assesseur qui est nommé par le HCR confirme la volonté d'impliquer l'institution dans la procédure d'asile en France. Cette présence au sein des formations collégiales d'un juge nommé par une organisation internationale, est inédite et audacieuse au point que sa conformité à la Constitution a été mise en cause. Le Conseil constitutionnel a admis cette dérogation au principe selon lequel les fonctions juridictionnelles étant inséparables de l'exercice de la souveraineté nationale, elles ne peuvent être confiées à des personnes représentant une organisation internationale, en posant toutefois deux conditions : que ce juge possède la nationalité française et que sa désignation ait recueilli l'avis préalable et conforme du vice-président du Conseil d'État (Cons. const. n° 98-399 DC du 5 mai 1998). La CNDA est la seule juridiction dans le monde à comprendre parmi ses juges des personnes nommées par le HCR.

La Cour se caractérise aussi par l'importance de son activité qui en fait la première juridiction administrative française par le nombre de décisions rendues. Les recours sont nombreux en raison du taux de contestation des refus opposés par l'Office sans équivalent dans les juridictions administratives puisqu'il dépasse constamment 80 %. Le nombre de décisions rendues, 34600 en 2011, est passé à 39000 en 2014, avant de connaître une légère baisse conjoncturelle en 2015 avec 36000 décisions prononcées au cours de 3000 audiences.

Pendant longtemps l'Office a prononcé moins d'admissions à une protection internationale que la Cour. Le taux d'accord par rapport à la demande globale était en 2012 de 9, 4 % pour l'Office tandis qu'il était de 15,5 % pour la Cour. En 2013, ce taux était respectivement de 12,8 % pour l'Office et de 14 % pour la Cour. On peut expliquer cet écart par le fait que le demandeur d'asile qui connaît le motif du refus opposé par l'Office peut étayer plus utilement son dossier et il bénéficie en outre, devant la juridiction, de l'assistance d'un avocat. Mais cette tendance s'est inversée avec une progression marquée du taux d'accord de l'Office à partir de 2014 avec 16,9 % et qui a atteint 23 % en 2015, cette hausse n'étant qu'en partie liée au taux élevé d'admission de la demande d'asile de pays soumis à de graves conflits comme la Syrie, le Soudan, la Somalie. Cette évolution rapproche l'Office des taux d'admission moyens constatés en Europe.

Au cours des deux dernières années les décisions de la Cour accordant une protection s'établissent en moyenne à 15 %.

Règles de procédure

Les règles de procédure contentieuse applicables devant la juridiction définies initialement par le décret n° 53-377 du 2 mai 1953 ont fait l'objet d'une refonte complète en 2013 consacrant de nombreuses pratiques déjà en vigueur. Elles ont été modifiées, en dernier lieu, par le décret n° 2015-1298 du 16 octobre 2015 pour l'application de la loi du 29 juillet 2015 et codifiées aux articles R. 733-1 à R. 741 du CESEDA. Si à l'instar de toute procédure administrative, la procédure devant la CNDA est écrite, inquisitoire et contradictoire, l'application de ces principes comporte quelques particularités.

En premier lieu, sans remettre en cause le caractère écrit de la procédure, celui-ci s'applique avec souplesse devant le juge de l'asile, laissant une large place à l'oralité.

En deuxième lieu, s'agissant du caractère contradictoire de la procédure, le Conseil d'État a tracé le cadre du bon usage des informations collectées par le rapporteur au cours de son instruction en le fondant notamment sur le principe de l'égalité des armes. Dans l'exercice de son pouvoir d'instruction, la Cour peut rechercher toutes les informations utiles à l'établissement des faits sur lesquels reposera sa décision. Elle peut utiliser, sans avoir à les verser au dossier, les éléments d'information générale librement accessibles au public dont elle doit cependant indiquer l'origine dans sa décision (rapports du HCR, rapports internationaux, du Bureau européen d'appui en matière d'asile [EASO], gouvernementaux, rapports de mission de l'OFPRA, etc.) En revanche, lorsque les résultats des recherches portent sur la situation personnelle du requérant ou que les informations recueillies conduisent à confirmer les éléments de son récit ou à les remettre en cause, ils doivent être versés au dossier afin que le requérant et l'Office puissent en prendre connaissance et, le cas échéant, les discuter (CE 22 oct. 2012, *M. M.*, n° 328265, *Rec.* 2012). La rédaction de l'article R. 733-16 du CESEDA est directement inspiré de cette jurisprudence. Par exemple, à l'appui d'une demande d'asile, le demandeur fait état de son arrestation suivie de torture pour avoir participé à une manifestation violente d'opposition au régime en place. Or, des informations recueillies sur cette manifestation issue d'un rapport indépendant révèlent que cette manifestation a bien eu lieu mais elle a été non violente et aucun militant n'a été arrêté. De telles informations parce qu'elles remettent en cause le récit du requérant doivent lui être communiquées dans le cadre de la procédure contradictoire pour qu'il puisse, le cas échéant, les contredire.

Il est acquis depuis la décision du Conseil d'État, *Aldana Barrena* du 8 janvier 1982 (n° 24948) que le juge de l'asile est un juge de plein contentieux. Cette nature du recours emporte plusieurs conséquences. En premier lieu, il appartient au juge « non d'apprécier la légalité de la décision qui lui est déférée, mais de se prononcer lui-même sur le droit des intéressés à la qualité de réfugié d'après l'ensemble des circonstances de fait et de droit établies à la date de sa décision, et même, jusqu'à la date de lecture de celle-ci » (CE 19 nov. 1988, *Melle B.*, n° 100288 : dans cette affaire, le juge n'avait pas pris en considération le coup d'État intervenu en Haïti pendant les trois semaines séparant la date de l'audience de la date du prononcé de sa décision). En deuxième lieu, les irrégularités de la procédure suivie à l'Office ne peuvent être invoquées à l'appui du recours sauf si une garantie essentielle est en cause, comme c'est le cas du droit du demandeur d'asile à un entretien personnel à l'Office. Enfin, le juge de l'asile a le pouvoir d'accorder lui-même la protection internationale en substituant sa propre décision au refus de l'OFPRA.

La priorité des pouvoirs publics pour la réduction du délai de traitement de la demande d'asile a concerné également la Cour. La généralisation du caractère suspensif du recours par la loi de 2015 qui permet au requérant de se maintenir sur le territoire jusqu'à l'issue de la procédure juridictionnelle, s'est accompagnée d'un strict encadrement du délai de jugement. Le demandeur d'asile doit pouvoir être fixé sur sa demande de protection dans un délai raisonnable et un séjour prolongé dans le pays d'accueil rend plus difficile l'éloignement des personnes déboutées, mais cette accélération des procédures réduit aussi le temps pour étayer les dossiers des demandes d'asile.

En procédure normale le délai de jugement est fixé par la loi à cinq mois pour l'instruction et l'audience collégiale. Le délai qui correspond à la moyenne des délais de jugement des affaires effectivement jugées dans l'année, avait déjà été sensiblement réduit, passant de onze mois en 2010 à sept en 2015 grâce au renfort de nouveaux rapporteurs, la réorganisation de la Cour et la modernisation de ses méthodes de travail (dématérialisation des procédures et aménagement de la durée des audiences).

Ce délai est réduit à cinq semaines pour les recours dirigés contre une demande d'asile traitée par l'Office en procédure accélérée ou une demande irrecevable. Un délai aussi bref rendait inévitable le recours à une procédure à juge unique qui rompt avec le principe de collégialité des formations de jugement appliqué depuis 1952. Pour la juridiction de l'asile cette procédure est la principale innovation de la loi du 29 juillet 2015. Parvenir à statuer en cinq semaines après une instruction du dossier par le rapporteur et la tenue d'une audience constitue un défi pour la Cour, même si le dépassement de délai n'est pas sanctionné.

Le président qui statue seul peut toujours renvoyer l'affaire à la formation collégiale s'il estime qu'elle présente une difficulté sérieuse.

Instruction

Après l'enregistrement du recours, le dossier est confié pour une instruction contradictoire à un rapporteur. Il analyse le dossier à partir des éléments communiqués par l'Office (demande d'asile initiale, pièces produites à l'appui de la demande, compte rendu de l'entretien individuel avec l'officier de protection, décision motivée de l'Office) et complétés par le recours et les mémoires et pièces versés ultérieurement au dossier. Il se livre à son tour à des recherches sur la situation du pays ou de la région en cause et sur des faits invoqués dans la demande avec l'appui du Centre de recherche et de documentation de la Cour (CEREDOC).

Si le recours ne présente « aucun élément sérieux susceptible de remettre en cause la décision de l'OFPRA » (CESEDA, art. R. 733-4), il ne justifie pas un examen par un ou plusieurs juges en audience publique et il est alors traité par ordonnance. Celle-ci ne peut toutefois être prise qu'après que le requérant a été mis en mesure de prendre connaissance des pièces du dossier et après examen de l'affaire par un rapporteur. Le président peut à tout moment réorienter le dossier pour un examen en audience publique.

Lorsque la Cour est confrontée à une question juridique inédite ou pour éviter des divergences d'interprétation entre les formations de jugement, l'affaire peut être renvoyée devant la formation solennelle de la Cour, la grande formation. Présidée par le président de la Cour, elle comprend neuf membres. À tout moment de la procédure, le président de la Cour ou de la formation de jugement à laquelle l'affaire est attribuée peut renvoyer le jugement du recours à cette grande formation.

À l'issue de l'instruction, le requérant et son conseil sont convoqués à une audience publique devant une formation collégiale composée d'un président, et de deux assesseurs ou devant un président qui statue seul en application de l'article L. 731-2 du CESEDA.

Audience

Le requérant est assisté à l'audience par son conseil. La présence d'un avocat aux côtés du requérant est restée longtemps illusoire, faute de ressources suffisantes pour assumer la dépense. La loi n° 91-647 du 10 juillet 1991 relative à l'aide juridique a étendu l'aide juridictionnelle au contentieux de l'asile, mais son octroi restait subordonné à une entrée et un séjour réguliers du requérant sur le territoire, ce qui en restreignait de fait les bénéficiaires. La suppression de cette exigence en 2006 a ouvert largement la possibilité de faire appel à un avocat (en 2015, 86 % des requérants sont assistés par un avocat à l'audience). La loi du 29 juillet 2015 achève cette évolution par l'attribution d'une aide juridictionnelle de plein droit, sous la seule réserve que le recours ne soit pas manifestement irrecevable.

Un interprète rétribué par l'État est désigné dans l'une des cent vingt langues dont dix langues rares pratiquées à la Cour et que le requérant a indiquée dans son recours ou dans une langue dont il est raisonnable de penser qu'il la comprend.

Le rapporteur donne lecture de son rapport qui analyse en toute indépendance, l'objet de la demande et les éléments de fait et de droit que le requérant, d'une part, et l'Office, d'autre part, ont présentés dans le dossier. Il expose les éléments qu'il a recueillis et qui permettent d'éclairer le débat, sans prendre parti sur le sens de la décision. De leur côté, les parties peuvent développer sous forme d'observations orales les éléments de leur dossier écrit qui leur paraissent utiles.

Les échanges entre le ou les juges et les réponses apportées aux questions posées au requérant à l'audience prolongent l'instruction écrite du dossier. Une part essentielle de la recherche de la vérité dans le contentieux de l'asile repose, en effet, sur le recueil de la parole du demandeur d'asile et celle-ci apparaît le plus souvent déterminante pour asseoir ou au contraire mettre en doute la crédibilité de son récit.

Les débats ont lieu en audience publique, sauf si le requérant a demandé le huis clos ou si le président décide que l'audience se poursuivra hors la présence du public, lorsque les circonstances de l'affaire l'exigent. L'article L. 733-1 du CESEDA autorise la Cour à organiser des audiences à distance, par voie de visioconférence. Celles-ci se tiennent régulièrement entre la Cour qui siège à Montreuil et les tribunaux administratifs de la Guyane, la Martinique, la Guadeloupe et Mayotte. Elles pourraient également se tenir en métropole, mais en ce cas, le requérant peut s'opposer à l'utilisation d'un moyen de communication audiovisuelle et demander à être convoqué dans les locaux de la Cour. Le Conseil constitutionnel a validé cette faculté (Cons. const. n° 2011-631 DC du 19 juin 2011) à condition que l'audience ait lieu dans des locaux relevant du ministère de la Justice et que l'avocat du requérant et l'interprète désigné soient à ses côtés. Enfin, la loi de 2015 prévoit que le président de la Cour puisse organiser des audiences foraines au siège d'une juridiction administrative ou judiciaire, après accord du président de la juridiction en cause.

Lorsqu'il est saisi d'une demande d'annulation de la décision de l'OFPRA, le juge de l'asile statue sur la reconnaissance de la qualité de réfugié et, si celle-ci n'est pas retenue, il se prononce alors sur l'octroi ou non de la protection subsidiaire.

Voies de recours

Les décisions de la CNDA peuvent faire l'objet d'un recours en cassation devant le Conseil d'État qui vérifie la régularité de la procédure suivie et sanctionne les erreurs de droit dans la mesure où il ne contrôle pas l'appréciation des faits par le juge, ni la valeur probante des pièces produites, les erreurs matérielles ou les dénaturations des éléments du dossier. Les pourvois sont peu nombreux comparés au nombre de décisions rendues.

Au cours des dernières années, les formations solennelles du Conseil d'État (section et assemblée) ont été appelées à trancher des questions de principe du droit d'asile telles le type de protection à accorder aux enfants exposés au risque de mutilations sexuelles, le caractère ou non de garantie essentielle du droit à l'entretien personnel devant l'OFPRA ou le droit pour une personne reconnue réfugiée par un État membre de l'UE de demander l'asile en France en se prévalant de craintes de persécutions dans cet État.

En 2015, six cent vingt-trois décisions ont fait l'objet d'un pourvoi devant le Conseil d'État dont six à la suite d'un recours de l'Office et six cent dix-sept par des demandeurs d'asile. À l'issue de la procédure d'admission des pourvois qui s'applique dans tous les contentieux, le conseil s'est prononcé sur vingt-deux pourvois et a censuré quatorze décisions de la Cour.

L'admission à une protection internationale qui résulterait d'une fraude découverte postérieurement peut être remise en cause par un recours en révision de l'Office. La Cour a, par exemple, annulé la reconnaissance du statut de réfugié d'une personne qui déclarait être Bhoutanaise et avoir vécu au Népal, après que des documents communiqués à l'Office ont révélé une autre identité et une autre nationalité (CNDA, 8 avr. 2016, *M.*, n° 15031759).

L'Office peut remettre en cause directement les protections internationales qu'il a accordées au vu des éléments frauduleux découverts. Mais si le bénéfice du statut ou de la protection subsidiaire résulte d'une décision de la Cour, après l'annulation du refus de l'Office, l'autorité de la chose jugée qui s'attache à toute décision juridictionnelle fait obstacle à sa remise en cause directe par l'Office. La seule voie ouverte alors est celle d'un recours en révision à l'initiative de l'Office ou du ministre chargé de l'asile non seulement dans le cas d'une protection obtenue à la suite d'une fraude constatée, mais aussi lorsque le bénéficiaire de l'une ou l'autre protection aurait dû être exclu en raison de crimes graves et d'agissements contraires aux buts contraires aux principes des Nations unies dont on a des raisons sérieuses de penser qu'il les a commis (CESEDA, art. L. 711-5 et L. 712-4).

3° Évaluation de la demande de protection

L'analyse de l'évaluation d'une demande de protection est conduite en deux temps : il s'agit d'abord de vérifier si les agissements invoqués sont établis avant d'examiner s'ils peuvent être qualifiés de persécutions et d'atteintes graves.

La collecte des informations nécessaires pour étayer une demande d'asile, ainsi que l'appréciation des déclarations du demandeur au regard des éléments pertinents de la demande constitue un processus extrêmement complexe. De fait, les événements à l'origine des persécutions ou des atteintes graves se sont déroulés dans un pays géographiquement éloigné ; le recueil d'informations auprès des autorités du pays d'origine se heurte au principe absolu de confidentialité sur l'existence même d'une demande d'asile et rend la vérification des faits malaisée ; l'autorité de détermination comme le juge doivent dans leur appréciation tenir compte de la situation personnelle du candidat à l'asile. Quant aux pièces documentaires susceptibles d'étayer la demande, elles sont parfois absentes, les demandeurs n'ayant pu se ménager des preuves avant leur fuite du pays, ou bien les pièces produites supposent une vérification quant à leur authenticité sans que souvent celle-ci puisse être établie de manière absolue.

Régime de la preuve

Le principe général du droit administratif selon lequel la charge de la preuve incombe au demandeur s'accommode mal de la situation d'une personne qui, ayant fui son pays en quête d'une protection, n'est pas le plus souvent en mesure de fournir des éléments documentaires, à l'appui de ses déclarations. À cette règle de principe fait donc place, dans le domaine de l'asile, un régime spécifique de preuve partagée. La disposition clef de l'article 4 de la directive « Qualification » qui définit le rôle respectif du demandeur et de l'autorité de détermination dans l'évaluation de la demande d'asile, reprise dans l'article L. 723-4 du CESEDA, fixe désormais un cadre clair de charge de la preuve.

Elle consacre un principe de coopération entre l'Office et le candidat à l'asile, indique les éléments à prendre en considération (données identitaires et personnelles de l'intéressé, faits invoqués, situation géopolitique, documents produits, persécutions passées etc.) et définit le régime de la preuve propre à l'asile qui se décline en plusieurs phases.

Il appartient en premier lieu, au demandeur de présenter, aussi rapidement que possible, tous les éléments nécessaires pour étayer sa demande d'asile : ses déclarations et tous les documents dont il dispose concernant son âge, son histoire personnelle, y compris celle de sa famille, son identité, sa ou ses nationalités, ses titres de voyage, les pays, ainsi que les lieux où il a résidé auparavant, ses demandes d'asile antérieures, son itinéraire, ainsi que les raisons qui motivent sa demande.

En deuxième lieu, l'Office et le demandeur coopèrent dans l'évaluation individuelle de la demande de protection en tenant compte des informations actualisées recueillies sur le pays d'origine à la date de la décision, de la situation personnelle du demandeur, des éléments qu'il a présentés ainsi que, le cas échéant, des activités qu'il a exercées depuis le départ de son pays d'origine et qui seraient susceptibles de l'exposer dans ce pays à des persécutions ou à des atteintes graves.

En troisième lieu le fait que le demandeur a déjà fait l'objet de persécutions ou d'atteintes graves constitue un indice sérieux de la crédibilité des craintes du demandeur, sauf s'il existe des éléments précis et circonstanciés qui permettent de penser que de tels agissements ne se reproduiront pas.

Enfin, lorsqu'une partie des déclarations n'est pas étayée par des éléments probants, le demandeur peut être dispensé de présenter d'autres justifications « s'il s'est réellement efforcé d'étayer sa demande » et à la condition que ses déclarations soient cohérentes et crédibles et ne soient pas contredites par des informations dont dispose l'Office. C'est le bénéfice du doute qui s'applique ici dans la mesure où il traduit la reconnaissance des difficultés auxquelles sont confrontés les demandeurs d'asile pour obtenir et fournir les éléments suceptibles d'étayer leur demande, malgré leurs efforts et ceux de l'autorité responsable de la détermination pour réunir des éléments supplémentaires.

Évaluation de la crédibilité de la demande

La crédibilité de la demande d'asile ne peut être assise sur l'intime conviction de l'autorité de détermination ou du juge de l'asile. Elle doit se fonder sur une approche rationnelle et argumentée à partir de critères objectifs pour répondre notamment à la nécessité d'un traitement égalitaire des demandeurs d'asile.

Si aucune méthode n'existe pour déceler de manière certaine l'authenticité de déclarations et des documents présentés par le demandeur, l'usage d'indices de crédibilité y contribue.

Les éléments susceptibles d'être produits à l'appui d'une demande d'asile sont divers : déclarations, témoignages, courriers d'avocat, d'amis et de proches, certificats médicaux faisant état de cicatrices ou de séquelles, documents émanant des services de police et de justice évoquant par exemple des recherches ou des condamnations. Ils peuvent être discutés au cours de l'entretien individuel mené à l'Office et, par la suite, ils sont évalués lors de l'instruction du dossier par le rapporteur et peuvent donner lieu à un questionnement à l'audience.

L'Office et la Cour sont confrontés à la production de faux documents et de récits stéréotypés qui discrédite souvent la demande. Il leur appartient de déceler la réalité des risques encourus à travers un dossier qui peut être formellement peu documenté et, à l'inverse, d'écarter des pièces en nombre et de bonne facture mais dont le contenu se révèle sans cohérence avec les déclarations faites devant l'officier de protection ou devant le juge.

Des associations dont l'Association internationale des juges de l'asile (IARLJ), le comité hongrois Helsinki et le HCR ont publié en 2012 un guide pratique à l'usage des juges, destiné à améliorer les pratiques d'évaluation de la demande d'asile et promouvoir une approche harmonisée au-delà même de l'Europe par l'élaboration de standards à vocation universelle. L'ouvrage définit des critères précis pour évaluer de manière concrète les mérites d'une demande d'asile à partir d'indices comme la pertinence des faits présentés par le demandeur et leur caractère suffisamment détaillé, leur cohérence avec les déclarations orales et les écrits ou autres documents du demandeur mais aussi avec les informations générales et particulières collectées sur le pays d'origine du demandeur, ainsi que la situation personnelle du demandeur, son âge, son éventuelle vulnérabilité, son orientation sexuelle, son appartenance ethnique, son niveau d'éducation, sa religion, etc. Le HCR a également publié, en mai 2013, un rapport de droit européen comparé intitulé *Au-delà de la preuve*, qui expose les principes et les critères d'évaluation de la crédibilité dans les systèmes européens de l'asile.

Information géopolitique

L'autorité de détermination et le juge ne se limitent pas à l'examen des éléments présentés devant lui par le candidat à l'asile. La collecte d'informations sur les pays de provenance des demandeurs d'asile est essentielle pour apprécier la crédibilité de la demande car il permet une confrontation objective des faits présentés avec les informations générales sur les pays d'origine et les données propres au parcours personnel du demandeur.

La CEDH a souligné pour la première fois tout l'intérêt d'une évaluation de la situation géopolitique du pays d'origine dans les arrêts *Saadi c/ Italie* du 28 février 2008, n° 3720/06 (§ 131) et *N. A. c/ Royaume-Uni* du 17 juillet

2008, n° 25904/07 (§ 118-119), en privilégiant les informations issues de rapports provenant d'institutions des Nations unies, en particulier du HCR, d'associations internationales indépendantes de défense des droits de l'Homme ou de sources gouvernementales. La directive « Procédure » n° 2013/32/UE (art. 10.3.b) prévoit que les États veillent à ce que des informations précises et actualisées soient obtenues sur la situation générale dans les pays d'origine des demandeurs auprès des sources, déjà mentionnées et celle du Bureau européen d'appui en matière d'asile (EASO).

Par ailleurs des critères de qualité de la sélection des sources, de la collecte et de l'analyse des informations géopolitiques ont été définis dans des « lignes directrices communes à l'Union européenne pour le traitement de l'information sur le pays d'origine » en 2008, ce sont :

– la pertinence de l'information qui doit se rapporter précisément à l'affaire en cause ;

– l'exactitude et l'actualisation d'informations qui reflètent des situations par essence changeantes (cf. l'article 8 de la directive « Procédure ») : les informations doivent être précises, recherchées sans préjugé, résumées sans distorsion, traduites fidèlement et corroborées (croisement de plusieurs sources) ;

– la traçabilité et la transparence des informations recueillies sur les pays d'origine supposent de pouvoir assurer au demandeur l'accès à la source d'information en indiquant l'auteur, la date de la publication et son titre.

Les décisions de la CNDA comportent souvent le référencement des sources des informations géopolitiques pertinentes et publiquement disponibles tels que des rapports internationaux ou nationaux, des rapports d'organisations non gouvernementales, des informations figurant sur des sites comme celui du HCR (*Refworld*), de la Commission de l'immigration et du statut de réfugié du Canada, du Centre de documentation et de recherche (DIDR) de l'OFPRA, y compris des rapports des missions qu'il organise avec la participation de la CNDA dans les pays de provenance des demandeurs d'asile et qui sont publiés sur son site. Le Centre d'études et de documentation de la Cour nationale du droit d'asile (CEREDOC) procède également à la collecte des informations juridique et géopolitique nécessaires à l'activité de la Cour et les dossiers-pays qu'elle réalise figurent aussi sur son site internet.

VIII. Refus et cessation de la protection internationale

1° Refus de la demande de protection

Le candidat à l'asile auquel la protection a été définitivement refusée et qui n'est pas autorisé à demeurer en France à un autre titre doit quitter volontairement le territoire. À défaut, il s'expose à une obligation de quitter le territoire. Le dispositif d'éloignement forcé a été modifié par la loi n° 2016-274 du 7 mars 2016 relative aux étrangers, en vigueur le 1er novembre 2016.

Le préfet informé du refus opposé à la demande d'asile se prononce sur une demande éventuelle d'admission au séjour sur un autre fondement que l'asile et sur l'obligation de quitter le territoire fixant le pays de renvoi.

La procédure diffère selon que le départ est volontaire ou non.

Le délai de départ volontaire est en principe de trente jours, mais il peut être augmenté à titre exceptionnel « s'il apparaît nécessaire de tenir compte de circonstances propres à chaque cas », par exemple, des raisons médicales, la fin des études, la scolarité d'un enfant, etc., ou prolongé « pour une durée appropriée » (art. L. 511-1, II) au regard de la situation personnelle de l'étranger. Cette décision peut être contestée par le demandeur d'asile débouté qui s'est maintenu en France dans un délai de quinze jours devant le tribunal administratif (délai de jugement de six semaines).

L'autorité administrative peut également décider que l'étranger devra quitter sans délai le territoire français, notamment si sa présence constitue une menace pour l'ordre public et s'il existe un risque que celui-ci se soustraie à l'obligation, ce risque pouvant être regardé comme établi dans six cas énumérés par la loi (art. L. 511-1-II). Cette décision peut également être contestée devant le tribunal administratif, mais dans les 48 heures, avec un jugement dans les 72 heures.

Si le préfet peut décider de placer l'étranger en centre de rétention administrative ou l'assigner à résidence, la loi du 7 mars 2016 privilégie les mesures restrictives de liberté les moins contraignantes en réservant la rétention administrative, d'une durée de quarante-cinq jours au maximum, au cas où « l'étranger ne présente pas de garanties de représentation effectives propres à prévenir le risque de fuite ». Le juge judiciaire des libertés et de la détention est désormais seul compétent pour autoriser une prolongation de la rétention au-delà de 48 heures.

L'assignation à résidence devient donc la règle.

S'agissant du placement de mineurs dans des centres de rétention administrative pour étrangers en instance d'expulsion, la Cour européenne des droits de l'Homme (CEDH) a condamné à cinq reprises la France pour de tels placements intervenus entre 2011 et 2014, les assimilant à de mauvais traitements en violation de l'article 3 de la Convention européenne des droits de l'Homme (12 juill. 2016, n° 24587/12, *M. A. et autres*). La Cour ne condamne pas en tant que tel le recours à ces mesures de placement de mineurs accompagnés de leurs parents, mais elle a relevé dans l'examen des dossiers la conjonction de trois facteurs : le bas âge des enfants, la durée de leur rétention et le caractère inadapté des locaux en cause à la présence d'enfants. La loi du 7 mars 2016 a réservé cette possibilité à trois situations : la méconnaissance d'une précédente assignation à résidence, l'obstruction à une mesure d'éloignement, le placement dans les 48 heures précédant un départ programmé, sous réserve de respecter « l'intérêt du mineur ». La rétention doit être « la plus brève possible, eu égard au temps strictement nécessaire à l'organisation du départ » et être effectuée dans des chambres isolées et adaptées à l'accueil des familles.

2° La cessation de la protection

La protection internationale est toujours subsidiaire dans la mesure où elle se substitue à un État défaillant pour protéger ses ressortissants contre les persécutions qu'ils subissent ou peuvent subir. Elle est par conséquent appelée à cesser lorsque le bénéficiaire retrouve la protection naturelle de son pays d'origine ou de résidence habituelle. L'article 1 C de la Convention de Genève décline plusieurs hypothèses de cessation fondées soit sur le comportement du réfugié qui se place plus ou moins volontairement sous la protection de son pays d'origine soit sur la survenance d'événements qui entraînent la disparition des risques de persécutions.

Cessation volontaire

La situation la plus simple est celle où le réfugié manifeste son allégeance à l'État d'origine par des actes ou des démarches faisant présumer la fin des craintes comme des allers-retours dans le pays d'origine, des démarches administratives ou un mariage contracté devant les autorités consulaires du pays qui attestent du lien renoué avec celui-ci. C'est au requérant qui conteste la décision de cessation de l'Office de démontrer que ses faits ou ses actes ne justifient pas la perte de la protection. L'autorité de détermination et le juge de l'asile doivent apprécier les conditions de ce rapprochement avec le pays censé être persécuteur et les intentions réelles du bénéficiaire du statut. Un déplacement ayant pour cause la maladie grave ou le décès d'un proche, une escale aérienne dans le pays à l'occasion d'un transit, des démarches administratives auprès du consulat en vue d'un regroupement familial, ne constitue pas des motifs de cessation. En revanche, un réfugié de nationalité tchétchène intercepté lors d'un contrôle à la frontière russe et qui s'était fait délivrer un passeport par les autorités de son pays a perdu son statut de réfugié (CNDA, 25 févr. 2016, *M.S.M.*, n° 15011220).

Cessation du fait d'un changement de circonstances

Les circonstances qui ont justifié l'octroi de la protection internationale ayant cessé d'exister, le bénéficiaire ne peut plus continuer de refuser de se prévaloir de la protection de son pays d'origine ou de son pays de résidence habituelle. Il revient à l'Office et au juge d'apprécier si les changements de régime politique, l'accès à la démocratie (fin des régimes autoritaires en Espagne, au Chili, en Roumanie), la fin d'un conflit armé (Sri Lanka, Colombie), sont suffisamment significatifs et durables pour que les craintes de persécution ne puissent plus être considérées comme justifiées.

Un changement dans la situation individuelle de la personne reconnue réfugiée par application du principe d'unité de famille, en cas de divorce par exemple, peut également entraîner la cessation de la protection statutaire mais, en ce cas, le droit au séjour est maintenu.

Cessation pour fraude

La découverte d'une fraude, est une cause de perte du statut (CESEDA, art. L. 711-4), car elle présume la volonté de tromper l'Office pour obtenir le bénéfice indu d'une protection. La fraude doit cependant porter sur des éléments essentiels à l'appréciation de l'autorité responsable de la détermination et « le requérant doit avoir consciemment tenté de tromper l'Office ». De simples erreurs ou omissions ne révèlent pas une intention frauduleuse. La preuve de la fraude qui incombe à l'Office prend fréquemment la forme d'une dissimulation de faits ayant eu une influence sur l'admission à une protection, la production de faux documents d'identité ou de passeport, des déclarations mensongères quant à la nationalité du pays d'origine, etc.

Autres cas de cessation

La transposition de la directive « Qualification » a conduit à ajouter quatre nouvelles causes de cessation. Les deux premières envisagent le cas où la clause d'exclusion aurait dû être appliquée au réfugié ou devrait l'être en raison de circonstances intervenues après son admission au statut (CESEDA, art. L. 711-4). Les deux autres cas sont fondés sur une menace à l'ordre public : des motifs sérieux conduisent à considérer la présence du bénéficiaire de la protection internationale comme une menace pour la sécurité de l'État d'accueil, d'une part, et, d'autre part, celui-ci a été condamné en

France pour un crime ou un délit constituant un acte de terrorisme ou il a été puni d'une peine d'emprisonnement de dix ans et sa présence constitue une menace grave pour la société.

Quelle que soit la cause de cessation involontaire, un réfugié peut refuser de retourner dans son pays d'origine et conserver son statut protecteur alors même que la situation à l'origine des persécutions a cessé s'il peut démontrer des conséquences psychologiques graves qui en ont résulté. Cette dérogation singulière issue de la Convention de Genève (art. 1 C) a pour origine le refus de juifs allemands, réfugiés en Israël, de retourner en Allemagne après la guerre. Pour le juge de l'asile, seule l'exceptionnelle gravité des persécutions peut justifier un tel refus de rejoindre un pays d'origine exempt de tout risque. Elle a été considérée comme justifiée pour des rescapés rwandais traumatisés par l'extrême violence des exécutions de proches et pour des femmes qui lors de la guerre en Bosnie avaient subi de graves sévices. La réforme du 29 juillet 2015 l'étend au bénéficiaire de la protection subsidiaire « qui justifie de raisons impérieuses tenant à des atteintes graves antérieures pour refuser de se réclamer de la protection de son pays ».

Vers un régime unique d'asile européen ?

Depuis le conseil européen de Tempere en 1999, l'Union européenne s'est donnée pour but d'établir un régime d'asile européen commun (RAEC) pour définir des standards communs d'accueil et de protection garantissant aux demandeurs d'asile un traitement équitable de leur demande. La révision des directives « Accueil », « Procédure » et « Qualification » et les modifications successives des règlements « Dublin » et « Eurodac » ont largement contribué à harmoniser le droit de l'asile dans l'UE.

Mais l'afflux massif de demandeurs d'asile et de migrants dans l'UE a révélé les faiblesses du système européen de l'asile et conduit la Commission européenne à prendre des initiatives.

En septembre 2015, dans l'urgence, le Conseil Justice et Affaires intérieures, sur proposition de la Commission européenne, a décidé de relocaliser sur deux ans 160000 personnes se trouvant en Italie et en Grèce pour soulager ces pays dans l'incapacité de faire face à l'accueil des demandeurs d'asile en les transférant vers un autre État membre (20000 personnes pour la France). Une déclaration UE-Turquie du 7 mars 2016 a prévu pour améliorer la situation humanitaire en Grèce que pour tout Syrien renvoyé en Turquie au départ de la Grèce, un autre Syrien sera pris en charge dans l'UE depuis la Turquie.

La Commission avait également fait adopter par le Conseil en juillet 2015 un programme européen de réinstallation pour créer des voies légales et sûres d'entrée en Europe afin d'éviter aux personnes qui se trouvent dans un pays tiers vers lequel ou au sein duquel elles ont été déplacées, le risque de périr en Méditerranée, des voyages dangereux et la nécessité de recourir aux réseaux de passeurs. Ce programme doit permettre de réinstaller sur deux ans 22000 personnes ayant besoin d'être protégées depuis des pays extérieurs à l'UE vers les États membres.

Par ailleurs la Commission européenne a avancé en avril 2016 des propositions en faveur d'une refonte radicale de l'asile européen commun et d'une amélioration des voies d'entrée légale en Europe. Elle ambitionne de simplifier et d'abréger la procédure d'asile et le processus de décision, de décourager les mouvements secondaires des demandeurs d'asile dans les États membres et d'accroître les perspectives d'intégration de ceux qui peuvent prétendre à une protection internationale. Dans cette perspective, elle propose de modifier les dispositifs existants pour parvenir à une politique d'asile équitable et humaine et qui puisse être performante en période de pression migratoire tant normale, qu'élevée (Communication de la Commission au Parlement européen et au Conseil vers une réforme du régime d'asile européen commun et une amélioration des voies d'entrée légale en Europe, 7 avril 2016). Elle a présenté peu après des textes portant sur l'ensemble du processus de l'asile qui permettent de traiter de manière identique les demandeurs d'asile où qu'ils se trouvent dans l'UE mais qui durcissent sur plusieurs points les conditions d'octroi de l'asile, les procédures et les effets du régime européen de l'asile.

Le constat

La Commission européenne fait porter, en premier lieu, ses critiques sur l'inefficacité du système de la désignation de l'État responsable de la demande d'asile selon le règlement « Dublin III ». La mise en œuvre des procédures de transfert entre États est longue et complexe, la preuve de la responsabilité d'un autre État est souvent difficile à démontrer, d'où une augmentation des refus opposés aux demandes de transfert et un retard des demandeurs dans l'accès à la procédure d'asile. En cas d'acceptation de ces transferts, seul un quart d'entre eux débouchent sur des transferts effectifs et une fois réalisés, les retours vers l'État ayant procédé au transfert sont fréquents. De plus, le dispositif n'ayant pas été conçu pour procéder à un partage équitable des responsabilités entre États membres, il ne peut remédier à des situations où la répartition des demandeurs est disproportionnée.

La Commission relève en deuxième lieu que si des progrès importants ont été accomplis en faveur d'un régime d'asile européen commun, il subsiste des différences notables entre les État membres dues à l'existence de clauses facultatives dans les directives tant sur l'organisation du système d'accueil et les normes offertes aux demandeurs que sur les procédures suivies pour reconnaître le besoin de protection. La Commission souligne également les variations sensibles des taux d'admission à la protection d'un État membre à l'autre pour les mêmes pays, les écarts dans le type de protection accordé aux bénéficiaires et les droits qui y sont attachés. Ces disparités créent des facteurs d'attraction pour les demandeurs d'asile ou l'inverse et favorisent les mouvements secondaires qui aboutissent à une répartition inégale entre les États membres.

Les réponses proposées

Malgré les critiques adressées au règlement « Dublin III », la Commission entend préserver le principe de la responsabilité du premier pays d'entrée pour identifier et enregistrer les demandeurs d'asile, mais il intègre un mécanisme correcteur de répartition. Si un État membre subit une pression migratoire excessive qui atteint un seuil calculé à partir de la taille de sa population et de son produit intérieur brut, un dispositif de relocalisation dans d'autres pays européens serait déclenché dès lors que le nombre de demandes de protection internationale dont ce pays est responsable (en tenant compte des personnes réinstallées) dépasserait

150 % du chiffre de référence. Elle entend aussi accélérer les procédures de transfert par la fixation de délais plus courts pour l'envoi des demandes, la réception des réponses et la mise en œuvre effective de ces transferts.

Elle prévoit de sanctionner les demandeurs d'asile qui quittent le pays en leur retirant les avantages matériels liés à l'accueil et les États membres auraient parallèlement l'obligation de reprendre le bénéficiaire d'une protection internationale qui séjournerait irrégulièrement dans un autre État.

La Commission propose une révision limitée de la directive « accueil » de 2013 pour garantir un traitement digne des demandeurs dans l'ensemble de l'UE en harmonisant les conditions matérielles d'accueil ainsi que les droits et obligations liés à l'intégration effective des demandeurs dans les pays d'accueil.

En revanche, le remplacement des directives « Qualification » et « Procédure » par des règlements dont les dispositions s'imposent de manière uniforme dans tous les États membres constitue un changement radical. Sur plusieurs points, les projets de règlements s'avèrent plus contraignants.

En ce qui concerne la procédure, les délais de recours seraient réduits et un retrait implicite de la demande d'asile sanctionnerait la méconnaissance des règles de procédure (recours tardif, méconnaissance de l'obligation de coopération, etc.). Une liste européenne commune de pays d'origine sûrs se substituerait aux listes nationales.

S'agissant des conditions à remplir pour obtenir un statut protecteur, la Commission propose de fixer une durée de séjour unique pour les réfugiés de trois ans renouvelable par période de trois ans et imposerait une révision obligatoire et régulière de la qualité de réfugié en cas de changement significatif dans le pays d'origine ou lors du premier renouvellement du titre de séjour, après trois ans.

Par ailleurs, la base de données du système Eurodac serait étendue aux ressortissants des pays tiers qui ne sont pas demandeurs d'asile.

Il est prévu également de modifier le règlement (UE) n° 516/2014 du Parlement européen et du Conseil pour fixer un cadre permanent plus structuré pour les réinstallations dans l'Union des personnes ayant besoin d'une protection et qui se trouvent dans un pays tiers vers lequel ou au sein duquel elles ont été déplacées. Le Conseil serait autorisé à établir sur proposition de la Commission des plans de réinstallation annuels dans l'Union en fixant le nombre de personnes à réinstaller.

L'urgence absolue est de faire cesser les drames humains en Méditerranée. Les réinstallations organisées à partir des pays où se trouvent les personnes déplacées ne doivent plus être une réponse temporaire prise dans l'urgence mais devenir le modèle d'avenir pour réduire les filières irrégulières et dangereuses, soulager les pays situés à proximité des zones de conflits et empêcher le trafic des réseaux de passeurs.

Il appartient désormais aux instances européennes, Conseil et Parlement européen, de prendre parti sur ces propositions.

Dans sa communication du 4 mai 2016, la Commission envisageait d'instituer une autorité unique de détermination de la protection internationale à l'échelle européenne qui serait confiée au Bureau européen d'appui en matière d'asile avec des antennes régionales ainsi qu'une juridiction unique et centralisée « afin d'assurer une harmonisation complète des procédures et une évaluation cohérente des besoins de protection dans l'Union européenne ». Une telle réforme constituerait un bouleversement institutionnel et impliquerait d'y affecter des ressources importantes. Elle ne figure pas parmi les textes soumis au Conseil et au Parlement européen.

Bibliographie

ALLAND D. et TEITGEN-COLLY C, *Traité du droit de l'asile*, PUF, coll. « Droit fondamental », 2002.

Au-delà de la preuve. Évaluation de la crédibilité dans les systèmes d'asile européen, UNHCR, mai 2013.

BELORGEY J.-M., *Le droit d'asile*, LGDJ, coll. « Systèmes », 2013.

BOUTEILLET-PAQUET D., *L'Europe et le droit d'asile*, L'Harmattan, coll. « Logiques juridiques », 2001.

Commission nationale consultative des droits de l'Homme, *Les conditions d'exercice du droit d'asile en France*, La documentation française, 2006.

DENIS-LINTON M. et MALVASIO F., « Trente ans de jurisprudence de la Cour nationale du droit d'asile et du Conseil d'État sur l'asile », mars 2012.

FERNANDEZ F. et LALY-CHEVALIER C., *Droit d'asile* (ouvrage collectif issu d'une conférence internationale organisée à l'Université de Lille) Pedone, 2015.

Le juge français de l'asile (1952-2012), colloque organisé par la Cour nationale du droit d'asile et le Conseil d'État, coll. « Droits et débats », La documentation française, 2012.

LE PORS A., *Juge de l'asile*, « Les sens du droit », Michel Houdiard éditeur, 2010.

LE PORS A., *Le droit d'asile*, PUF, « Que sais-je ? », 2011.

SUREAU F., *Le chemin des morts*, Gallimard, 2013.

TCHEN F., *Code commenté de l'entrée et du séjour des étrangers et du droit d'asile*, LexisNexis, 2017.

TIBERGHIEN T., *La protection des réfugiés en France*, Economica, 1988.

TIBERGHIEN T., *Commission de recours des réfugiés. Le droit des réfugiés en France* (Tables décennales de jurisprudence, Étude, Economica, 2000.

WIHTOLD DE WENDEN C., *La globalisation humaine*, PUF, 2010.

Rapports d'activité annuels de l'OFPRA.
Rapports annuels du Conseil d'État.
Rapports d'activité annuels de la CNDA.
Recueils de jurisprudence annuels de la CNDA.
Rapports annuels du HCR.
Guide des procédures et critères à appliquer pour déterminer le statut de réfugié, HCR, 2011.
Dictionnaire permanent des étrangers, Éditions législatives.

Les décisions de la CNDA sont consultables dans les recueils annuels de jurisprudence et dans « Trente ans de jurisprudence de la CNDA et du Conseil d'État (1982-2011) », *sur le site CNDA.fr.*

collection ***À savoir***

La Constitution européenne, O. Duhamel
Codes noirs, C. Taubira, avec A. Castaldo
Homosexuels. Quels droits ?, J. Lang, D. Borrillo
Le droit des femmes, É. Pisier, avec S. Brimo
Les droits des enfants, S. Royal
Locutions latines juridiques, collectif
Lois et mœurs du rugby, F. Galthié, J. Lacouture
Les discriminations positives, J. Bougrab
L'abolition de la peine de mort, R. Badinter
Le Coran tolérant, D. Boubakeur
Un traité pour l'Europe, N. Sarkozy
Le nouveau Code du travail, A. Lyon-Caen, A. Fabre
Le président des États-Unis, C. Ockrent, avec B. Perreau
Obama, petite encyclopédie, M. Kravetz
Les constitutions de la France, de la Révolution à la IVe République, F. Mélin-Soucramanien
Le droit et les Juifs, D. Lochak
Pour la planète, D. Cohn-Bendit, avec É. Gaudot
Paroles de philosophes, L. Ferry
Obama président, petite encyclopédie, M. Kravetz
La révolution numérique, É. Scherer
Les droits de l'animal, J.-M. Coulon, J.-C. Nouët
50 droits des ados, M. Hirsch, avec I. Djordjevic
Les interdits religieux, C. Fourest, F. Venner
Le football. Les lois d'un jeu, L. Vallée
Les mots de de Gaulle, D. Tillinac
Les grandes démocraties, F. Mélin-Soucramanien
Petit dictionnaire de la fraude fiscale, M.-P. Prat, C. Janvier
Bioéthique, D. Borrillo
Paroles de présidents, 2e éd., J. Lacouture

Guerre d'Algérie, droit et non-droit, A. Heymann-Doat
Les droits des malâdes, C. Kouchner, avec A. Delhaye
La Convention européenne des droits de l'Homme, 3ᵉ éd., F. Moderne
Les grandes dates de la Vᵉ République, R. Ghevontian
Les droits des profs, M. Debène
L'euro, J.-P. Vesperini
La justice et les enfants, J.-P. Rosenczveig
Gens du Voyage, M. Bordigoni
L'héritage, C. Pisani
Les langues de France, A. Filippetti
La condition militaire, J.-Ph. Wirth
Les grands articles du code civil, 2ᵉ éd., A. Bénabent, D. Mazeaud
La charia, N. Bernard-Maugiron, J.-Ph. Bras
La prostitution, J. Mossuz-Lavau
Police, pouvoirs et devoirs, J. Buisson
Les grands articles du code pénal, 2ᵉ éd., Y. Mayaud
QPC, la œquestion prioritaire de constitutionnalité, 2ᵉ éd, G. Carcassonne, O. Duhamel, avec A. Duffy
Adages et maximes du droit français, 2ᵉ éd., J. Hilaire
Erreurs judiciaires, D. Salas
Terrorismes, A. Bauer, C. Soullez
La Déclaration universelle des droits de l'Homme, S. Hennette-Vauchez
50 libertés et droits fondamentaux, A. Heymann-Doat
50 droits contre l'exclusion, 2ᵉ éd., Ansa, avec Droits d'Urgence
La liberté d'expression, G. Muhlmann, avec E. Decaux et É. Zoller
La Légion d'honneur, J.-L. Georgelin

La parole est à l'avocat, 3e éd., O. Duhamel, J. Veil
Le handicap, B. Lavau
L'état d'urgence, K. Roudier, A. Geslin, D.-A. Camous
La laïcité, 3e éd., M. Miaille
Constitution de la République française,
F. Mélin-Soucramanien
Le nouveau droit des contrats et des obligations,
F. Chénedé
Les mots de Mitterrand, A. Bergounioux
Les élections présidentielles, 2e éd.,
M. Ballet, O. Duhamel
Étrangers. Quels droits ?, Gisti
Les grandes dates de la République, C. Prochasson
▸ *Le droit d'asile*, M. Denis-Linton

pca
cmb
édition pré-presse
livres numériques

44400 Rezé

Achevé d'imprimer sur les presses de
LEGO S.P.A.
Italie
715947 - (I) - OSB-A 60g - CMB - (EDO)
Dépôt légal : janvier 2017
Achevé d'imprimer en décembre 2016